KB089586

파이돈

파이돈

플라톤 지음 | **최 현** 옮김

범우

차 례

인류의 스승으로 불리는 소크라테스가 살았던 기원전 5세기의 아테네는, 입으로는 진리를 표방하며 공리공론을 일삼는 소피스트들로 인해 몹시 어지러웠다. 이를 개탄한 소크라테스는 거리에서, 또 운동장에서 사람들과 철학적 대화를 나누며 지향해야 할 지표를 제시하려 애썼다. 그는 인간을 행복하게 하는 것은 무엇인가, 선善이란 무엇인가, 용기란 무엇인가를 물었으며 그 문답은 항상 '아직 그것은 모른다'로 끝났다고 한다. 상대방으로 하여금 궁극의 근거에 대한 무지를 깨닫게 하고, 그 무지無知의 지知를 통해 궁극의 근거에 접근하도록 유도하는 독특한 문답식 대화로 당대인들에게 많은 깨우침을 주었으며, 특히 청년들에게 많은 감화를 주었던 그는,

그에게 반감을 품고 있던 당시의 소피스트들과 보수주의자들에 의해 신을 모독하고 청소년들을 그릇된 길로 빠뜨린다는 죄목으로 고소당하고 재판을 받게 되며, 그 재판의 판결에 따라 독배毒盃를 마심으로써 그 일생을 마쳤다.

소크라테스 자신은 아무런 저술도 남기지 않았으나 그의 사상과 행적은 제자들과 당대의 지인知人들에 의해 정리되어 오늘에 전해지고 있는데, 특히 소크라테스의 사상과 삶에 깊은 영향을 받고 젊어서의 꿈이었던 정치에서 철학으로 뜻을 바꾼 애제자 플라톤의《대화편》은 소크라테스 철학의 진수가 가장 뚜렷이 부각되어 있는 문헌으로 꼽히고 있다.

〈파이돈〉은, 플라톤이 남긴《대화편》의 4대 대화 중의 하나로 소크라테스의 최후의 모습이 남겨져 있으며, 인식론의 핵을 이루는 이데아론이 펼쳐지고 있는 점에서 특히 주목되는 대화이다.

사형 판결을 받은 소크라테스가 죽음의 독배를 마시던 날, 그의 감방으로 찾아온 친우들과 주고받은 이야기로 엮어진 〈파이돈〉의 주제는 영혼과 육체, 그리고 내세來世이다. 죽음이란 영혼과 육체의 분리일 뿐이라는 전제로부터 시작하여,

인식의 상기설想起說을 거쳐 영혼은 불멸이며, 죽음은 모든 불순함에서 벗어난 영혼이 순수한 본질의 세계로 되돌아가는 것임을 많은 예를 들어 명쾌하게 입증하는 것으로 끝을 맺고 있다. 특히 진정으로 해방되어 순수한 세계로 가게 되는 자신의 죽음을 함께 기뻐해 줄 것을 당부하며 독배를 마시는 마지막 장면은 가슴 뭉클한 감동을 주기에 모자람이 없을 것이다.

플라톤의 원숙한 저작 《대화편》에 속하는 이 작품을 통해 위대한 철학자 소크라테스의 심오한 사상의 단편이나마 독자들에게 알릴 수 있기를 바란다.

옮긴이

※

영혼에 대하여

에케크라테스 파이돈, 당신은 소크라테스가 감옥에서 독약을 마시던 날 그 곁에 있었습니까? 그렇지 않으면 그때의 일을 누구에게선가 들었던 것입니까?

파이돈 저 자신 거기 있었습니다, 에케크라테스.

에케크라테스 그렇다면 그분이 돌아가시기 바로 전에 무슨 말씀을 하셨는지, 또 어떤 모습으로 최후를 맞으셨는지 몹시 알고 싶습니다. 그분이 헴록(미나리과의 독초에서 뽑은 독약)을 마시고 돌아가셨다는 이야기는 들었지만, 그 이상 더 자세한 것은 전혀 모르고 있습니다. 지금은 플리우스 사람으로 아테네에 가는 사람이 없고, 또 아테네로부터 이곳에 오는 방문객도 오랫동안 없어서 소식을 잘 알지 못하고 있습니다.

파이돈 재판이 어떻게 진행되었는지조차도 못 들으셨나요?

에케크라테스 그건 들었어요. 재판에 관해서는 전해 준 사람이 있었습니다. 그러나 판결과 집행 사이에 왜 그렇게 오랜 기간이 있어야 했는지 이해가 되지 않았습니다. 무슨 까닭이라도 있었나요?

파이돈 에케크라테스, 그건 우연의 일치 때문이지요. 그것은 다름이 아니라, 그분이 판결을 받기 바로 전날 아테네 사람들이 델로스 섬에 보내는 배의 꼬리를 화환으로 장식했던 것입니다.

에케크라테스 그 배가 무슨 배인데요?

파이돈 그 배는, 아테네 사람들의 말에 의하면, 옛날 테세우스가 열네 명의 소년소녀들을 데리고 크레타 섬으로 항행했을 때와, 또 그들을 구출하고 자기 자신도 살아서 돌아올 때에 탔던 배라고 합니다. 그 당시 아테네 사람들은, 그 젊은이들이 살아서 돌아오면 해마다 델로스에 제사 사절을 보내기로 아폴론 신神에게 맹세하였다 합니다. 그리하여 그때부터 지금까지 신에 대한 그들의 맹세를 철저하게 지켜 오고 있습니다. 그런데 그 사절이 출발하고부터 배가 델로스를 다녀 돌아오는 기간 동안은 나라를 더럽히지 않기 위하여 국법에 의한 사형도 집행하지 못하도록 되어 있습니다. 풍랑을 만나면 때로 항해가 늦어지고 그곳을 다녀오는 데 많은 시간이 걸리게 되었습니다. 이 사절의 파견은, 아폴론의 신관神官이 배 꼬리를 장식하면서부터 시작되는 것으로 간주합니다. 그런데 방금 말한 바대로 재판 전날 그 배가 장식되었고, 바로 그 때문에 소크라테스는 판결을 받고도 그렇게 오랜 시간을 감옥에서 보내시게 되었던 것입니다.

에케크라테스 파이돈, 그런데 그분은 어떤 태도로 죽음에 임히었습니까? 아무 말씀도 없으셨나요? 그리고 그 때 그분과 함께 있던 친구들은 누구였습니까? 혹 집행위원들이 그분의 친구들을 곁에 있지 못하게 하여 혼자 외롭게 돌아 가시지나 않았습니까?

파이돈 그렇지 않았습니다. 꽤 많은 사람들이 함께 있었습니다.

에케크라테스 바쁘지 않다면 그때의 일을 소상하게 들려 주십시오.

파이돈 지금은 별로 할 일도 없으니 이야기해 드리지요. 나
자신이 말하건 남에게 듣건, 소크라테스를 다시 생각
하는 것은 나에겐 가장 큰 기쁨이니까요.

에케크라테스 아마 듣는 사람도 당신과 똑같은 기분일 것입
니다. 그러면 가능한 한 자세히 말씀해 주십시오.

파이돈 우선 나는 그분과 함께 있으면서 야릇한 기분에 사
로잡혔습니다. 나는 매우 절친한 친구의 죽음에서
느끼는 비애 같은 것은 조금도 맛볼 수가 없었습니
다. 그럴 수밖에 없는 것이, 그분의 말씀이나 몸가짐
이 몹시 행복해 보였으니까요. 에케크라테스, 두려
운 빛이라곤 조금도 찾아볼 수 없는 고귀한 최후였습
니다. 그리하여 나는 하데스(죽은 사람의 혼이 가는 곳)
로 가는 길일지라도 그분은 신의 가호 아래 있을 것
이며, 그리고 그곳에도 행복한 사람이 있을 수 있다
면 바로 그분이 소크라테스이리라고 느끼지 않을 수
없었습니다. 그러므로 나는 그러한 엄숙한 자리에서
느껴야 할 슬픔 같은 것을 전혀 느낄 수 없었습니다.
그러나, 그 때도 우리는 철학적 담론을 했습니다마

는, 철학적인 이야기를 할 때 으레 우리가 느끼던 즐거움 또한 일어나지 않았습니다. 나는 전혀 이해할 수 없는, 기쁨과 고통이 뒤섞인 야릇한 혼합물 같은 감정에 휩싸였습니다. 머리 속에서는, 잠시 후면 그분이 돌아가시게 되리라는 생각이 떠나지 않았으니까요. 우리는 누구나 그런 두 가지 감정에 사로잡혀 웃기도 하고 울기도 하였습니다. 누구보다도 아폴로도로스가 가장 심했습니다. 그 사람이 어떤 사람이라는 것은 당신도 아시겠지요?

에케크라테스 물론입니다.

파이돈 그 사람은 마치 미친 것 같았어요. 하기야 나와 다른 사람들 또한 큰 충격을 받았지만.

에케크라테스 파이돈, 실제로 그 자리에 있었던 사람들은 누구누구였습니까?

파이돈 아테네 사람으로는 아폴로도로스 외에 크리토불로스와 그의 부친인 크리톤, 그리고 헤르모게네스, 에피게네스, 아이스키네스, 안티스테네스(퀴니코스 학파의 창시자) 등이 있었고, 파이아니아 구區의 크테십포스와 메넥세노스, 그리고 그 밖의 다른 구 사람들도

몇 있었습니다. 플라톤은 그때 앓고 있었던 것으로
압니다.

에케크라테스 다른 지방 사람은 없었습니까?

파이돈 테바이 사람 심미아스와 케베스 그리고 파이돈데
스, 메가라에서 온 에우클레이데스와 테르프시온이
함께 있었습니다.

에케크라테스 저, 아리스팁푸스(키레네 학파를 창시한 철학자)
와 클레옴브로토스는 없었습니까?

파이돈 네, 그들은 아이기나에 있었던 것 같습니다.

에케크라테스 그 밖에는 또 누가 있었나요?

파이돈 아마 그들이 전부였나 봅니다.

에케크라테스 자, 그러면 그때 어떤 식으로 토론이 있었는
지 들려주십시오.

파이돈 처음부터 모두 들려 드리겠습니다.

그분이 돌아가시기 전 여러 날 동안, 우리는 새벽녘에 그
판결이 있었던 법원 근처에 모여 소크라테스를 찾아가곤 했
습니다. 감옥은 그곳에서 가까웠으니까요. 감옥 문은 그렇게
일찍 열리지 않았기 때문에 우리는 으레 서로 이야기를 나누

면서 기다렸습니다. 그리하여 문이 열리기만 하면 우리는 곧 안으로 들어가 소크라테스와 함께 온종일을 지내는 것이 보통이었지요. 그날 우리는 보다 더 일찍 모였습니다. 그 전날 우리가 감옥에서 나왔을 때, 델로스로부터 그 사절선使節船이 돌아왔다는 소식을 들었기 때문입니다.

그리하여 우리는 이튿날 가능한 한 일찍 모이기로 약속했던 것입니다. 우리가 감옥에 이르렀을 때, 간수는 평소와 달리 우리를 들여보내지 않고 부를 때까지 들어오지 말고 기다리라고 말하였습니다.

"지금 11인의 집행위원들이 소크라테스의 사슬을 풀어 주면서 오늘 형이 집행된다고 통고하는 중입니다."

잠시 후에 간수가 돌아와 우리를 들여보내 주었습니다. 우리가 감옥 안으로 들어섰을 때, 소크라테스는 막 사슬에서 풀려난 참이었고 크산티페는―이분을 당신도 아시지요―무릎 위에 아이를 앉힌 채 그분 곁에 앉아 있었습니다. 그녀는 우리를 보자마자 여인들이 흔히 하듯이 울부짖었습니다.

"오오, 소크라테스, 이제 당신이 친구분들과 이야기할 수 있는 것도 이것이 마지막이군요."

소크라테스는 크리톤을 향하여 말씀하셨습니다.

"크리톤, 사람을 시켜 아내를 집으로 데려가는 것이 좋을 듯싶네."

그리하여 크리톤의 하인이 발작적으로 울부짖는 그녀를 데리고 나갔습니다.

소크라테스는 침대 위에 앉아 다리를 주무르면서 평소처럼 말씀하셨습니다.

"쾌락이란 감정은 정말 야릇한 것이야. 고통이란 으레 쾌락의 반대로 생각되지만, 그 관계란 정말 애매하단 말야. 이 두 감정이 동시에 한 사람에게 일어나는 법은 없지만, 그 중의 하나를 추구하여 얻으면 반드시 다른 하나도 따르게 마련이지. 마치 두 개의 몸체에 머리는 하나밖에 없는 것과 마찬가지로 말야. 아이소포스(이솝의 그리스명)가 이것을 알았다면 아마 훌륭한 우화를 지었을 걸세. 마치 신이 그들의 끊임없는 싸움을 화해시키려고 하였지만 그것이 불가능함을 알고는 그들의 머리를 함께 붙여 버렸다는 식으로 말일세. 그리하여 그 중 하나가 오면 반드시 다른 하나가 뒤따르게 된다고 하지 않았겠나. 지금 나의 경험에 비추어, 사슬에 묶여 아프던 발이 그 고통이 가시자 쾌감을 느끼게 되는 것으로도 알 수 있을 것 같네."

이 말을 듣고 케베스가 말하였습니다.

"소크라테스, 그 말씀을 들으니 며칠 전—전에도 여러 사람들이 물었던 것처럼—에우에노스가 제게 묻던 말이 떠오르는군요. 아마 나를 보면 또 물을 겁니다. 그러면 그때 그에게 어떻게 대답해야 할지 가르쳐 주십시오. 그는, 지금까지 시를 쓰신 적이 없던 선생님이 어찌하여 감옥에 들어온 후로는 아이소포스의 우화를 시로 옮기고 아폴론 신을 찬미하는 노래를 짓고 계시느냐고 물었습니다."

"케베스, 사실대로 말하게."

그리고 그분은 말을 이었습니다.

"내가 시를 지은 것은 그나 그의 작품과 겨루기 위한 것은 아닐세. 나는 그와 같은 일이 쉽지 않다는 것을 잘 알고 있네. 그것은 내가 꾼 꿈의 의미를 알아내기 위한, 마음을 맑게 하기 위한 시도였네. 살아오는 동안 나는 종종 창작을 해야 한다는 일종의 계시를 받아 왔네. 그와 같은 계시는 다른 시각, 다른 형태로 나타났지만 언제나 같은 말로 속삭였네.

'소크라테스, 문예에 힘쓰고 창작을 하여라.'

지금까지 나는 그것이 철학을 연구하라는 격려와 권고이리라고 생각하였네. 철학이란 내가 한평생 탐구해 온 가장 고상하고 참된 문예가 아니겠나. 그 꿈은 마치 경기장에서 관중들이 주자에게 보내는 격려처럼, 내가 하고 있는 일에 더욱 열중하라는 계시 같았네.

그렇지만 나는 아직 올바로 판단할 수 없네. 그 계시가 의미하고 있는 것은, 어쩌면 세상에서 흔히 말하는 문예일지도 모르기에 말일세. 이제 사형 선고를 받고도 제사祭祀 때문에 며칠 더 살고 있는 이 마당에, 이 세상을 떠나기 전, 계시에 따라 시를 지음으로써 내 마음을 맑게 하는 것이 좋으리라고 생각하였던 것일세. 그리하여 이번 제사의 신을 찬미하는 노래를 짓기 시작하였네. 참된 시인이라면 그저 사실만을 묘사할 것이 아니라, 모름지기 상상으로 작품을 꾸며야 하는 것. 그러나 나 자신 이야기를 꾸미는데 서투르고 찬미할 것 또한 없어, 내게 친숙한 아이소포스의 우화를 빌어 시로 옮겨 본 것이라네.

이런 일은 지금까지 한 번도 없었지. 자, 케베스, 이와 같은 말을 에우에노스에게 전해 주게. 그리고 내가 안부를 묻더라는 말도 전해 주게나. 그리고 그가 지자知者일진대, 될 수 있는 대로 빨리 내 뒤를 따르기를 바란다고 하더라고. 아무래도 나는 오늘 죽게 될 것 같아. 그것이 형제들의 명령인 것 같네.”

심미아스가 입을 열었습니다.

"에우에노스에게 구태여 그런 말까지 할 필요는 없는 줄 압니다. 종종 그에 대해 보았습니다만, 제가 알기론, 그는 선생님을 따를 준비가 전혀 되어 있지 않은 사람입니다."

"아니, 에우에노스는 철학자가 아니란 말인가?"

심미아스가 대답하였습니다.

"저도 철학자라고는 생각합니다."

"그렇다면 철학적 정신을 가진 사람이면 누구나 그렇듯이 에우에노스도 기꺼이 나를 따를 것이네. 그러나 스스로 목숨을 끊을 수는 없을 걸세. 그것은 옳은 일이 아니니까."

그는 이 말을 마치고 휴식을 취하듯 두 다리를 땅 위로 길게 늘어뜨리고 앉았습니다. 그러나 케베스가 물었습니다.

"자살이 옳지 못하다고 하시면서, 한편으로 철학자는 죽을 준비가 되어 있어야 한다는 것은 무슨 의미입니까?"

"케베스, 그리고 심미아스, 필롤라오스(고대 그리스 피타고라스 파의 수학자)의 제자인 자네들이 이에 대하여 배운 것이 전혀 없단 말인가?"

"명확히는 아무것도 배운 것이 없습니다."

"물론 내가 알고 있는 것도 전문傳聞에 근거한 것일 뿐이지만, 들은 이야기를 되풀이한다고 해서 안 될 거야 없지 않은 가. 이제 곧 이 세상을 떠나려는 지금, 앞으로 걸어야 할 나그 네길이 어떠한지에 대하여 생각하고 이야기를 나누는 것보 다 더 걸맞는 일은 없으리라 여겨지네. 이제부터 해가 질 때 까지, 죽기 전에 할 일이란 이밖에 또 무엇이 있단 말인가."

"그러면, 소크라테스, 자살이 옳지 못하다고 하신 근거는 무엇인지 말씀해 주십시오. 우리와 함께 테바이에 머물러 있 을 때 필롤라오스도 분명히 자살을 하여서는 안 된다고 말하 였습니다. 그리고 그 밖의 사람들도 그런 말은 하였지만, 그 까닭에 대한 명백한 설명은 들어 본 적이 없습니다."

"그렇다면 명심해 듣게."

그리고 그분은 말씀을 계속하였습니다.

"이야기를 잘 듣노라면 이해할 날도 있을 테지. 그러나 자 네는 틀림없이 그것을 이상하고 부적절한 답변이라고 여길 것이네. 즉 다른 모든 관계처럼, 또 어떤 사람에게 있어서 죽 음이 삶보다 더 나을 경우에도 자살을 해서는 안 되고 다른 사람의 손을 기다려야만 하는가에 대해서 말일세."

그러자 케베스가 조용히 웃으며 고향 사투리로 대답하였습 니다.

"사실 그렇습니다."

"물론 내 말이 좀 불합리한 듯도 할 걸세."

소크라테스는 말을 이었습니다.

"그러나 거기에는 어떤 타당성이 있네. 신비주의자들의 교리에 의하면, 우리 인간들은 본래 죄수인 까닭에 감방문을 열고 도망칠 권리가 없다고 하네. 이것은 얼마나 심오한 가르침인지 모르네. 그러나 나는 신들이 우리의 보호자이며 우리 인간은 신의 소유물이라는 것만은 확신하네. 자네는 어떻게 생각하나?"

"저도 그렇게 생각합니다."

"만일 자네의 소유물 중의 하나, 가령 소나 당나귀가 자네의 동의同意도 없이 마음대로 자살을 한다면, 자네는 그 짐승에 대하여 노여워하고 또 그렇게 할 수만 있다면 벌을 주려고 하지 않겠나?"

"그야 그렇겠지요."

"그런 견지에서 본다면, 신이 지금 나를 부르듯이 자기를 부를 때까지 마음대로 자살해서는 안 된다는 데엔 불합리성이 없을 것이네."

케베스가 대답하였습니다.

"그럴 것 같습니다. 선생님의 말씀을 듣고 보니 납득이 갑니다. 그렇지만 방금 말씀하신, 신이 우리의 보호자요 우리는 그의 소유물이라는 말씀과, 철학자는 기꺼이 죽을 각오가 되어 있어야 한다는 말씀과는 아무래도 상치相馳되는 것 같습니다. 설사 목숨을 끊어 주는 손이 신으로부터 직접 온다 하더라도, 가장 사려깊은 사람들이 신들의 가호를 물리치고 세상을 떠나고 싶어한다는 것은 아무래도 이해할 수 없습니다. 사려깊은 사람일수록 자신이 신에게 속박되지 않고 자유로울 때 신들보다 자신이 자기를 더 잘 돌볼 수 있다고 생각지 않는 반면, 어리석은 자들은 좋은 주인에게는 끝까지 머무르면서 도망치지 않는 것이 의무라는 것, 또 도망쳐 보았자 소용이 없다는 것을 생각지 못하기 때문에 주인에게 도망치는 것이 좋다고 생각할지도 모릅니다. 사려깊은 사람은 언제나 자기보다 나은 분과 함께 있기를 원할 것입니다. 그러므로 소크라테스, 이것은 앞에서 말씀하신 것과 상반되는 이치가 아닐까요? 이렇게 생각하면 세상을 떠날 때 사려깊은 사람일수록 슬퍼할 것이며, 어리석은 사람일수록 기뻐할 테니까요."

이 말을 듣고 소크라테스는 케베스의 주장에 흥미를 느끼는 듯, 우리들을 살펴보며 말씀하였습니다.

"케베스는 언제나 남의 말을 그대로 받아들이지 않고 이치를 따지는군."

심미아스가 말하였습니다.

"정말 그렇습니다, 소크라테스. 그렇지만 케베스의 말에도 일리는 있다고 생각합니다. 진실로 지혜로운 사람이 어떻게 자기보다 나은 주인에게서 벗어날 생각을 하며, 또 그렇게 쉽사리 떠나 버릴 수 있겠습니까? 제 생각에, 케베스의 말은 바로 선생님을 두고 한 말일 것입니다. 선생님께선 그렇게 쉽사리 우리를 떠나려 하고 있을 뿐 아니라, 선생님께서 우리의 좋은 보호자라고 인정하신 신들을 버리고 떠나려 하시기 때문입니다."

"자네들의 말에도 일리는 있네."

그분은 말씀을 계속하셨습니다.

"그렇다면 자네들은 나더러 자네들의 비난에 대해 공식적인 변명을 하라는 건가?"

심미아스가 대답하였습니다.

"네, 그렇게 해주시면 좋겠습니다."

"그렇다면 자네들에게, 재판관들에게 했던 것보다 더 설득력 있는 변명을 해보겠네. 심미아스, 그리고 케베스, 만일 내게 지혜롭고 선한 신들에게로 간다는, 그리고 이 세상 사람들보다 더 훌륭한 저 세상 사람들에게로 간다는 확신이 없다면 죽음을 당하여 슬퍼하는 것이 당연할 것이네. 그러나 내가 반드시 좋은 사람들에게로 간다고 장담할 순 없지만, 나는 그렇게 되기를 바라고 있네. 그리고 내가 지극히 선한 주인이신 신들에게로 간다는 것에 대해서는 추호도 의심치 않네. 그러므로 나는 슬퍼할 까닭이 없네. 그리고 옛부터 전해 내려오는 바와 같이, 죽은 후에 착한 사람들에게는 악인에게보다 훨씬 커다란 보상이 있다는 데 대해 큰 희망을 품고 있네."

그러자 심미아스가 말하였습니다.

"저, 그런데 소크라테스, 선생님께선 어찌하여 그런 생각을 혼자만 지니고 떠나려 하십니까? 우리에게도 알려 주셔야 하지 않습니까? 그것은 우리들도 반드시 알아야 할 일로 생각됩니다. 더욱이 우리에게 그것을 납득시킬 수 있다면 선생님에게는 훌륭한 변명이 될 것입니다."

"그렇다면 들려주기로 하겠네. 그러나 먼저 크리톤의 이야기를 들어 보세. 아까부터 무언가 하고 싶은 말이 많은 것 같았네."

크리톤이 말하였습니다.

"다른 게 아니라, 바로 자네에게 독약을 주게 될 간수가 아까부터 나에게 하는 말일세. 자네에게 말을 많이 시키지 말라는 것이네. 말을 많이 하면 열이 오르게 되고, 그러면 독약의 작용이 영향을 끼친다는 것일세. 흥분한 사람은 두 배 혹은 세 배까지 마셔야 할 경우가 있다는군."

"내버려 두게."

소크라테스가 말을 이었습니다.

"자기 임무를 지키면 될 게 아닌가. 두 번 주어야 한다면 두 번 준비하고, 세 번 주어야 한다면 세 번 준비하면 그뿐 아닌가."

"그렇게 말할 줄 알았네."

크리톤이 말을 이었습니다.

"그렇지만 하도 당부를 하기에 말한 것뿐일세."

"염려 말게."

그분은 계속 말씀하셨습니다.

"자, 나의 재판관 여러분, 나는 여러분에게 진정한 철학자가 죽음에 임하여 기쁜 마음을 지니게 되는 것이, 그리고 죽은 후 저 세상에서 가장 큰 축복을 받으리라는 확신이 내게 당연하게 여겨지는 이유를 설명하겠소. 심미아스, 그리고 케베스, 이제 나는 증명해 보이겠네. 참으로 철학을 하는 사람은 흔히 남의 오해를 사기가 쉽네. 세상 사람들은 그들이 언제나 죽음을 추구하며, 또한 죽어 가고 있다는 것을 알지 못하네. 그렇다면 평생토록 죽음을 원해 온 사람이 어찌 그때가 왔을 때, 그가 항상 바라고 추구하던 것을 사양할 수 있겠는가?"

심미아스가 웃으며 말하였습니다.

"웃을 처지가 아닙니다만, 선생님께서 웃게 만드십니다. 소크라테스, 저는 이런 생각이 듭니다. 선생님의 말씀을 들으면 대부분이 선생님께서 매우 철학자다운 말씀을 하였다고 생각할 것입니다. 그리고 우리 고향 사람들도 철학자가 원하는 것은 삶이 아니라 죽음이라는 것과, 그들이 원하는 대로 죽는 것도 괜찮은 것으로 알고 있다고 말할 것입니다."

"그것도 어느 정도는 옳은 생각이네. 그러나 '알고 있다'는 말만은 빼야 할 걸세. 진정한 철학자들은 어떤 의미에서는 반쯤 죽어 있다는 것이며, 어떤 의미에서는 죽음을 갈망하며, 또 그들이 갈망하는 죽음이 어떠한 것인지를 그 사람들은 전혀 깨닫지 못하니까. 그런데 도대체 우리는 죽음이란 것을 믿고 있는 걸까?"

"물론 있고말고요" 하고 심미아스가 주의를 끌며 대답하였습니다.

"죽음이란, 영혼이 육체로부터 이탈하는 것 그 이상도 이하도 아니지 않겠는가? 영혼으로부터 벗어나 분리된 육체의 상태, 육체로부터 벗어나 분리된 정신의 상태가 아닐까? 그것이 바로 죽음이 아니겠는가?"

"그렇다고 생각합니다."

"우리가 이에 동의한다면, 아마도 우리가 이 문제의 답을 찾는 데에 도움이 될 것이라고 생각하네. 자네는, 철학자가 먹고 마시고 하는 하찮은 쾌락에 마음을 써도 좋다고 생각하는가?"

심미아스가 대답하였습니다.

"물론 그럴 수는 없다고 생각합니다."

"성적 쾌락에 대해서는 어떻게 생각하나? 이런 것에 마음을 써도 좋단 말인가?"

"결코 안 됩니다."

"그 밖의 여러 가지 육체적 향락은 어떻게 생각하나? 철학자가 그러한 일에 중요성을 부여한다고 생각하나? 예컨대 멋진 옷이라든지 신발, 그 밖의 여러 가지 장신구 등을 마련하는 따위 말이네. 자네는 어떻게 생각하는가?"

"진정한 철학자라면 그런 것을 경시하리라고 생각합니다."

"그렇다면 자네의 견해는, 철학적 인간은 육체에 관심이 있지 않을 뿐만 아니라 될 수 있는 대로 육체에서 벗어나 영혼을 향하는 데에 관심을 기울인다는 뜻이 되는가?"

"네, 그렇습니다."

"그렇다면 철학자란, 육체적 쾌락에 대해서는 다른 어느 누구보다도 영혼을 육체와의 결합으로부터 해방시키려는 사람이 아니겠는가?"

"그렇습니다."

"그렇지만 심미아스, 대부분의 세상 사람들은 그런 유의 쾌락에 관심을 갖지 않는 사람에게는 인생은 살 만한 것이 못되며, 또 육체적 쾌락을 느끼지 못하는 사람은 죽은 거나 다름없이 생각하는 모양이야."

"그건 틀림없는 사실입니다."

"그렇다면 지식의 획득에 대해서는 어떻게 생각하나? 육체가 지식을 탐구함에 있어 그것은 방해가 되겠는가, 도움이 되겠는가? 즉 시각이나 청각이 우리에게 어떤 진실을 가르쳐 주는가 하는 것일세. 이것들은 우리에게 정확하지 못한 것을 전해 주는 것으로 생각하네. 그런데 이것들마저 정확하지 못하고 분명치 못한 것이라면 나머지 감각은 어떻다고 해야 옳겠나? 시각이나 청각은 모든 감각 가운데서 가장 으뜸가는 것이니 말일세. 이에 동의하는가?"

"그 밖의 감각은 반드시 그것들만 못할 것입니다."

"그렇다면 영혼은 어느 때 진실에 도달할 수 있단 말인가? 육체의 도움을 받아 무엇을 탐구하려 한다면, 영혼은 분명 길을 잃고 말 것이네."

"옳은 말씀입니다."

"그런데 어떤 것이 진실로 드러난다 하더라도 그것은 사유思惟 속에서 그렇게 작용하는 것이 아니겠는가?"

"그렇습니다."

"확실히 영혼은 쾌락, 고통, 시각, 청각 같은 모든 혼란에서 자유로울 때, 즉 육체를 무시하고 최대한 독립하였을 때, 그리고 가능한 한 모든 육체적 감각이나 욕망에 사로잡히지 않고 진실을 추구할 때 최상의 사유를 할 수 있다는 말일세."

"분명히 그렇습니다."

"그리고 철학자는 다른 어느 누구보다도 이 같은 육체를 대수롭지 않게 여기며, 그 영혼은 육체로부터 벗어나 홀로 있으려고 하는 것이 아닐까?"

"옳은 말씀입니다."

"그렇다면 심미아스, 이것은 어떻게 생각하나? 정의 자체란 있다고 생각하나, 또는 없다고 생각하나?"

"확실히 있습니다."

"선 자체와 미 자체(정의 자체, 선 자체, 미 자체는 정의의 이데아, 선의 이데아, 미의 이데아와 같은 뜻. 각기 가장 완전한 것)는 어떻게 생각하나?"

"물론 있습니다."

"그런데 자네는 이와 같은 것을 눈으로 본 일이 있는가?"

"한 번도 없습니다."

"그렇다면 다른 육체적 감각 기관으로 이런 것을 감지한 적이 있는가? 나는 이 밖에도 크다고 하는 자체, 건강 자체, 힘 자체 등을 포함하여 모든 것의 본질本質, 또는 본성本性이라는 것이 있는지 묻고 싶네. 자네는 신체의 기관으로 이와 같은 것들의 본질에 도달해 본 적이 있는가? 혹 이런 것이 아닐까? 우리들 중 가장 날카롭고 가장 정확하게 탐구 대상의 본질을 파악하려고 노력하는 사람만이 누구보다도 이와 같은 참된 인식에 가장 가까이 접할 수 있는 것이 아닐까?"

"그렇습니다."

"그리고 오직 정신력만으로 각 탐구 대상에 접근해 나가고, 이성의 활동에 시각이나 그 밖의 감각을 끌어들이지 않으며, 정신 자체의 밝은 빛만으로 참된 존재를 탐구하는 사람만이 그 탐구 대상을 가장 순수하게 인식할 수 있는 것이 아닐까? 즉 눈이나 귀 또는 모든 신체 기관이 영혼과 관련되면 영혼이 진리와 지혜를 얻는 것을 방해한다고 보고, 가능한 한 이런 것과 관계를 끊고 이런 것에서 벗어난 사람만이 참된 존재를 인식할 수 있지 않겠는가?"

"놀라운 말씀입니다, 소크라테스" 하고 심미아스가 말하였습니다.

"이와 같은 모든 것을 고려해 볼 때, 진정한 철학자라면 다음과 같은 것에 대하여 틀림없이 재음미해 볼 걸세. 이제 우리는 우리를 다음과 같은 결론으로 이끌 듯싶은 사상의 오솔길을 발견한 것 같네. 우리가 육체와 함께 있는 동안, 그리고 이 불완전한 것과 뒤섞여 있는 동안 결코 원하는 것에 만족스럽게 도달할 수 없다는 결론 말일세.

우리는 진리를 찾고 있네. 무릇 육체란 먹고 살아야 하네. 이것은 우리에게 얼마나 큰 두통거리가 되어 있는가. 그리고 질병들은 참된 존재에 대한 우리의 탐구욕을 방해하네. 그 외에도 육체는 우리로 하여금 연정과 욕망, 공포, 그리고 온갖 공상과 끝없는 어리석음에 사로잡히게 하고, 그 결과 도대체 무엇인가에 대해 사고思考할 기회를 빼앗아 가고 있네. 전쟁, 혁명, 분쟁들은 모두 전적으로 육체와 육체의 욕망에 기인하는 것이 아니겠는가? 모든 전쟁은 행복의 추구라는 이름하에 기도되며, 그 행복을 추구하는 이유는 바로 육체에 있네. 왜냐하면 우리는 그것의 노예이기 때문이지. 이런 모든 장애물 때문에 우리에겐 그렇게도 철학할 시간이 없는 걸세. 그리고 무엇보다도 불행한 것은, 간혹 우리에게 여가가 생겨서 사색에 잠기려 할 때에도 언제나 육체가 우리의 탐구에 개입하여 혼돈과 소동을 야기시킴으로써 진리의 일견一見을 방해하는 것일세. 그러므로 무엇이든 순수한 인식을 하려면 육체를 벗어나 영혼 그 자체로써만 응시하고 숙고해야 한다는 것을 우리는 분명히 알아야 할 것이네. 이렇게 될 때 비로소 우리는 우리가 추구하는 지혜에 도달할 수 있을 걸세.

그런데 우리가 이 지혜에 도달하게 되는 것은, 우리가 생존하여 있는 동안이 아닌 죽은 후의 일일 걸세. 영혼이 육체와 함께 있는 동안은 순수한 인식이 불가능하다면, 인식에의 도달은 전혀 불가능하든지 또는 죽은 후에만 가능할 수 있다는

게 아닌가. 그때에야 비로소 영혼은 육체를 벗어나 독립하게 될 것이니 말일세. 불가피한 경우를 제외하고 살아 있는 동안은 될 수 있는 대로 육체와의 모든 결합을 피하고 육체적인 모든 것에 사로잡히지 않으며, 신이 우리를 해방시켜 줄 때까지 우리 자신을 깨끗하게 지켜 나가야만 올바른 인식에 가장 가까이 다가갈 수 있다고 생각하네.

이와 같이 육체의 어리석음에서 벗어나 순수함을 유지해야만 순수하고 오염되지 않은 참된 인식, 즉 진리를 얻을 수 있을 것이네. 왜냐하면, 무릇 순수하지 못한 사람이 순수한 것을 얻지 못하리라는 것은 의심할 바 없는 보편적인 정의이니까.

심미아스, 이와 같은 것이야말로 참으로 지혜를 사랑하는 철학자가 서로 나누어야 할 이야기이며 생각이라고 나는 생각하네."

"저도 그렇게 생각합니다."

소크라테스가 다시 말씀하셨습니다.

"오오 나의 벗이여, 이것이 진리라면, 이제 인생의 종착역에 이르러 내가 가려는 곳으로 감에 있어, 내가 평생 동안 추구해 온 것에 도달하리라는 희망을 품을 만한 충분한 이유가 있다고 생각지 않는가? 그러므로 나는 나의 갈 길에 커다란 기쁨을 느끼네. 나쁜 아니라 마음도 각오가 되어 누구나 기쁜 마음으로 이 길을 떠나리라고 생각하네."

"옳은 말씀입니다" 하고 심미아스가 말하였습니다.

"그런데 지금까지 말한 바와 같이, 정화란 바로 육체로부터 분리된 영혼으로 이루어지며, 영혼이 육체와의 모든 결합을 끊고 벗어나 그 자체에 집중하고, 저 세상에서와 마찬가지로 이 세상에서도 될 수 있는 대로 혼자서 살아가는 습관을 붙이는 것이 아니겠나? 즉 영혼이 육체의 사슬에서 벗어나는 것이 아니겠나?"

"그렇습니다."

"그리고 죽음이란 영혼이 육체에서 분리되어 해방되는 것이 아니겠나?"

"그렇습니다."

"오직 진실한 철학자들만이 이처럼 육체로부터 영혼을 해방시키려고 하네. 실제로 철학자들의 소망은 오직 육체로부터의 영혼의 분리와 해방에 있네. 그렇게 생각지 않는가?"

"그렇게 생각합니다."

"내가 처음에 말한 것처럼 생애를 통해 될 수 있는 대로 죽음과 가까워지기를 원하던 사람이, 막상 죽음을 당면하여 죽음에서 놓여 나려 한다면 얼마나 우스운 일인가?"

"그렇습니다."

"심미아스, 진실한 철인이란 언제나 죽음에 다가가며 어느 누구보다도 죽음을 두려워하지 않는 자일세.

이렇게 생각해 보게. 전혀 육체에 만족하지 못하고 영혼을 육체로부터 해방시키기를 갈망해 온 그들이, 그들의 일생 동안의 소망, 즉 지혜를 얻을 수 있는 곳, 악연惡緣에서 벗어날 수 있는 곳으로 가게 됨을 기뻐하지 않고 오히려 놀라고 슬퍼한다면, 그처럼 모순된 일이 또 어디 있겠는가. 진정한 자유를 택한 많은 사람들은 분명 하데스로 가면 그들이 사랑하던 사람들, 아내나 자식을 만나게 되리라는 희망을 품고 죽기를 원했던 것이네.

이것이 사실이라면, 진정한 애지자愛智者로서 저 하데스에서만 지혜를 가치 있게 향유할 수 있다고 확신하는 사람이 어찌 죽음을 슬퍼하겠는가? 오히려 큰 환희를 품고 세상으로 가는 여행길을 떠날 것이네. 벗이여, 그가 진정한 철학자라면 분명 그럴 것이네. 그는 저 세상에서만 순수한 지혜를 발견할 수 있다는 굳은 믿음을 지니고 있을 테니까. 이럴진대 그가 죽음을 두려워한다는 것은 당치 않은 말이네."

"사실 그럴 겁니다."

"그러므로 죽음이 다가올 때 죽기를 싫어하는 사람이라면, 그는 애지자愛智者 즉 철학자라기보다는 애육자愛肉者 즉 육체를 사랑하는 사람이라는 것은 더 말할 나위도 없을 걸세. 아마 그는 돈 또는 명성을 사랑하는 자이거나, 그렇지 않으면 이 두 가지를 다 사랑하는 사람일 걸세."

"그렇습니다."

"심미아스, 그렇다면 용기라는 덕목은 철학자에게만 부여된 특유한 소인素因이라고 할 수 있을 걸세."

"그렇습니다."

"그리고 흔히 욕망을 누르고 다스리며 몸가짐을 단정히 하는 것으로 이해되고 있는 절제節制도, 육신을 경시하고 철학 속에서 생활하는 사람에게만 속하는 덕德이라고 생각하네."

"그렇습니다."

"다른 사람들의 용기나 절제가 얼마나 불합리한 것인가는 자네도 알 걸세."

"그것은 무슨 까닭입니까."

"철학자 이외의 사람들이 죽음을 얼마나 큰 재앙으로 여기고 있는지 자네도 알지 않는가."

"네, 알고 있습니다."

"그리고 용감하다는 사람들도 더 큰 재앙이 두려워서 죽음을 받아들이는 것이 아닌가?"

"네, 그건 사실입니다."

"그렇다면 철학자 이외의 모든 사람들에게 있어서의 용기란 두려움에 기인한 것이 아닌가? 두려움과 비겁함에서 비롯된 용기란 확실히 불합리한 걸세."

"그렇습니다."

"절제하는 사람들은 어떠할까? 같은 식의 논리로, 그들로 하여금 절제하도록 하는 것은 일종의 방종이 아닐까? 이 말은 이상하게 들릴지도 모르나, 저들의 소박한 절제란 결국 그런 것이네. 즉 그들은 그들이 갈망하고 있는 쾌락을 잃을까봐 다른 쾌락들을 삼갈 뿐인 것이지. 흔히 방종을 쾌락에 의해 지배되는 상태로서 간주하지만, 실제로 그들이 어떤 쾌락을 억제하고 있는 것은 다른 쾌락에 지배되고 있기 때문이네. 그런 의미에서 나는 그들이 부절제적임으로써 절제적인 것이라고 말하는 걸세."

"정말 그런 것 같습니다."

"자네가 그 점을 인식하게 된 것을 축하하네, 심미아스. 도덕적 관점에서 공포나 쾌락이나 고통을 마치 물건처럼 다른 어떤 공포나 쾌락이나 고통과 바꾸는 것, 그리고 보다 작은 것을 보다 큰 것으로 바꾸는 것은 옳지 못하네. 모든 물건과 바꿀 수 있는 진정한 화폐가 따로 있지 않나? 그것이 곧 지혜이네. 이것과 바꿔야만 용기이건 절제이건 완전한 거래가 될 것이네.

실제로 용기, 절제, 성실, 즉 진정한 선善과 쾌락, 고통, 기타 감정들이 존재하든 존재하지 않든 전혀 다르지 않게 해주는 것이 바로 지혜이네. 그러므로 감정적 가치에 근거한 도덕 체계는 환상에 불과하며, 그에 근거한 통속적 개념에는 진실도 건실함도 없게 되네.

절제든, 성실이든, 용기든, 진정한 도덕적 이상들은 이들 감정에서 정화된 것들이며, 지혜는 그 자체로서 순수한 것이네. 저 신비교神祕敎의 창시자들도 경멸할 것이 못되는 것 같네. 신비교의 창시자들 또한 이런 관점과 그리 멀지는 않는 듯싶네. 비의秘儀에 의해 깨끗해지지 않은 채 저 세상으로 가는 사람은 진흙탕 속에 눕게 되지만, 정화되고 계명된 사람은 신들과 함께 거居하리라고 한 그들의 교리에는 항상 어떤 풍

자적 의미에 담겨 있었던 것이네. 자네는 그들이 한 다음과 같은 말을 아는가? '나르텍스(남유럽에서 자라는 나무로서 속이 비어 있음)의 지팡이를 들고 다니는 사람은 많지만, 박코스(신이 들린 사람)는 적다.' 나는 박코스를 올바른 방법으로 철학적 생을 살아온 사람들이라고 해석하고 있네. 나 또한 평생토록 진실한 철학자가 되려고 최선을 다해 왔네. 그렇지만 내가 올바르게 철학을 해왔는지, 또는 이 일에서 무엇인가 성취하였는지는 이제 저 세상에 가면 신의 뜻에 따라 곧 알게 되겠지. 이것이 나의 신념이네.

그러므로 심미아스와 케베스, 이것이 바로 내가 전혀 슬픔이나 비통스러운 감정 없이 자네들과 또 이승에서의 지배자들과 작별하는 것이 지극히 당연하다는 데 대한 변론이네. 나는 저 세상에서 이승 못지 않은 좋은 친구들과 주인들을 만나리라고 믿고 있네.

그러나 대부분의 사람들은 이것을 잘 믿지 못하네. 그러므로 만일 내가 자네들에게 아테네의 재판관들에게 했던 것보다 나의 생각을 더 잘 납득시킬 수 있다면, 그보다 더 좋은 일은 없을 것이라고 생각하네."

소크라테스가 말을 마치자 케베스가 입을 열었습니다.

"소크라테스, 선생님의 말씀 대부분에 동의합니다. 그러나 영혼에 관한 말씀에 대하여는 많은 사람들이 의혹을 품을 것입니다. 사람들은, 영혼이 육체에서 분리되면 그것은 더 이상 어디에도 존재하지 않게 되며, 죽음과 함께 그날로 연기나 입김처럼 흩어지고 파괴되리라는 불안에 사로잡혀 있습니다. 물론 선생님의 말씀대로 영혼이 여러 가지 불행으로부터 벗어나 사후에도 여전히 존재하며, 또 그곳에 강렬하고 빛나는 소망이 존재할 수만 있다면, 선생님의 말씀이 옳겠지요. 그렇지만 소크라테스, 사후에도 영혼이 그대로 존재하며 어떤 생명력과 지혜를 지니고 있다는 것을 증명하는 데에는 충분한 설명이 필요하다고 생각합니다."

"그것은 상당히 옳은 말이네. 그렇다면 그런 일들이 있을 수 있는가에 대하여 좀더 이야기해 보면 어떨까?"

"네, 그에 대한 선생님의 말씀을 좀더 듣고 싶습니다."
하고 케베스가 말하였습니다.

"지금 나의 이야기를 들은 사람이라면 누구든지 ─ 심지어 희극 작가(아마도 아리스토파네스를 지칭하는 듯함)라도 ─ 내가 나와 관계없는 주제를 놓고 쓸데없이 시간을 소모하고 있다고는 비난할 수 없을 걸세. 자네가 원한다면 좀더 구체적으로

규명해 보기로 하세. 우선 사람이 죽은 후 그 영혼이 하데스, 즉 또 다른 세계에 존재하는지 그렇지 않은지 하는 점에서부터 접근해 보는 것이 좋을 듯싶네. 전설 속에 죽은 사람의 영혼이 이 세상에서 저 세상으로 갔다가 다시 이 세상으로 돌아와 죽음에서 깨어났다는 이야기가 있음을, 우리는 아직 기억하고 있네. 만일 산 사람이 죽은 사람으로부터 비롯된 존재라면, 우리의 영혼은 저 세상에 가 있어야 할 것이네. 그렇지 않으면 영혼은 다시 태어날 수 없을 테니까. 만일 사람이 다른 곳이 아닌, 오직 죽은 사람에게서 오는 것이 분명하다면, 그것으로 나의 주장에 대한 증명은 충분할 것이네. 그러나 그렇지 않다면, 또 다른 논증이 필요하겠지."

"옳은 말씀입니다" 하고 케베스가 말하였습니다.

"좀더 쉽게 이해하고 싶다면, 이 문제를 사람에게만 국한시키지 말고 모든 동물이나 식물, 생성生成하는 만물에 적용해 보게. 상반되는 면을 갖고 있는 것은 모두 생기게 마련이 아닌가. 예를 들면 아름다움은 추함에서, 옳은 것은 옳지 못한 것에서 비롯되는 것처럼 말일세. 이 밖에도 상반되는 것에서 생성되는 예들은 셀 수 없이 많네.

이제 상반되는 것을 가지고 있는 모든 것이 반드시 그 상반되는 것으로부터 오며, 결코 다른 데서 비롯되지 않는가를 살펴보기로 하세. 예를 들어, 무엇인가 커졌다는 것은 먼저는 작았던 것이 보다 더 크게 되었다는 것이 아니겠나?"

"그야 그렇지요."

"마찬가지로 보다 작은 것이 생기는 경우, 먼저 보다 큰 것이 있은 연후에 보다 작게 된 것임에 틀림없네."

"그렇지요."

"약함은 강함에서, 빠름은 보다 느림에서 오지 않았겠나?"

"분명 그렇습니다."

"하나의 예를 더 들어보지. 나쁜 것은 좋은 것에서, 옳은 것은 옳지 못한 것에서 비롯된 것이 아닐까?"

"물론입니다."

"그 점에 동의한다면, 상반되는 모든 것에 대하여 이렇게 말할 수 있지 않을까? 즉 그것들은 모두 그것과는 상반되는 것에서부터 나왔다고 말이네."

"그렇게 말할 수 있겠지요."

"그리고 이 모든 것에 이러한 현상이 나타나지 않을까? 즉 반대되는 것들 사이에 두 가지 생성 과정이 있지 않을까? 이것에서 저것에로, 또 저것에서 이것에로 생성한다는 말일세. 큰 것과 작은 것이 있으면 증가와 감소도 있어, 커지는 것은 증가한다고 말하고 작아지는 것은 감소한다고 말하지 않는가?"

"그렇게 말합니다."

"이 밖에도 분리와 결합, 차게 되는 것과 뜨겁게 되는 것, 또 그 외의 모든 것들도 이와 같지 않을까? 우리가 이 모든 경우에 일일이 어떤 명칭을 붙이지는 않지만, 상반되는 것들은 반드시 이처럼 서로 반대의 것에서 생성되는 것이 아닐까?"

"사실 그렇습니다."

"그렇다면 잠든 것이 깨어 있음의 반대이듯이, 살아 있음과 상반되는 것은 없을까?"

"물론 있겠지요."

"그게 무엇인가?"

"죽음입니다."

"삶과 죽음이 서로 반대되는 것이라면, 그것들은 각각 그 반대되는 것으로부터 나오며, 그들 사이에는 각각 두 가지 생성이 있지 않겠나?"

"물론이지요."

"자, 그렇다면 나는 방금 말한 두 가지 반대되는 것들 중 한 쌍에 대해 그들의 생성 과정을 분석해 볼 터이니, 자네는 다른 한 쌍에 대해 말해 보게. 내가 자네에게 말하려고 하는 것은, 잠자는 것과 깨어 있는 데 대한 것일세. 잠자는 상태란 곧 깨어 있는 상태의 반대이며, 잠자는 상태에서 깨어 있는 것이 나오고, 또 깨어 있는 상태에서 잠자는 것이 나오게 마련이네. 그리고 그 생성의 하나는 잠드는 것이요, 다른 하나는 깨어나는 것일세. 그렇지 않은가?"

"그렇습니다."

"자, 그러면 이번에는 자네가 이같은 방식으로 삶과 죽음에 대하여 나에게 분석해 주게. 죽음은 삶의 반대라는 것을 인정하는가?"

"인정합니다."

"그것들은 서로 다른 한편으로부터 나오는 것이 아니겠나?"

"그렇습니다."

"살아 있는 것에서 나오는 것은 무엇인가?"

"죽은 것입니다."

"그러면 죽음에서 나오는 것은?"

"삶이라고 대답해야겠지요."

"오, 케베스, 그렇다면 인간이건 사물이건 살아 있는 모든 것은 죽은 것에서 나온단 말인가?"

"분명 그렇습니다."

"그렇다면 우리의 영혼은 하데스에 존재하는 것이 되는군."

"그렇게 생각됩니다."

"그런데 그 두 가지 생성 중에서 하나는 분명치 않은가? 죽는다는 것은 분명히 우리가 눈으로 볼 수 있으니 말이네."

"그렇지요."

"자, 그러면 어떻게 되는 걸까? 그 반대의 생성은 없다고 보아야 할까? 그렇게 생각한다면 자연의 진행은 반쪽이 되는 것이 아닐까? 따라서 오히려 죽음에 대립되는 어떤 생성이 있는 것으로 생각해야 하지 않겠나?"

"당연히 그래야 하겠지요."

"그렇다면 그 반대의 생성은 무엇일까?"

"되살아나는 것입니다."

"삶으로 되돌아오는 것 같은 일이 있다고 한다면, 그것은 죽음으로부터 삶으로 나오는 과정임에 틀림없지 않겠는가?"

"그렇습니다."

"여기에서 우리는 죽은 자가 산 자로부터 생기는 것과 마찬가지로, 산 자가 죽은 자로부터 생긴다는 결론에 도달하게 되네. 그리고 이것이 옳다고 생각한다면, 이는 죽은 사람의 영혼이 거기서 되살아 나오는 그 어떤 곳에 존재하고 있음에 대한 충분한 증명이 될 것이네."

"소크라테스, 그와 같은 결론은 앞서 우리가 동의한 데서 필연적으로 나오게 마련 아니겠어요?"

"케베스, 곰곰이 생각해 보게. 우리가 동의한 것들이 잘못된 것이 아님을 알 수 있을 것이네. 반대되는 사이의 생성 과정에 원을 그리는 것 같은 어떤 호응이 없다면, 출발점으로 되돌아온다거나 또는 기울어짐 없이 대립되는 것을 향해 극단적인 직선을 긋는다면, 세상의 모든 것들은 결국 똑같은 모양에 똑같은 상태에 이를 것이며, 그것들 간의 변화, 곧 생성은 끝나고 말지 않겠는가?"

"무슨 말씀인지 잘 납득이 가지 않습니다."

"이해하기 어려운 말이 아닐세. 우리 잠자는 것을 예로 들어 생각해 보세. 만일 잠든 상태와 깨어 있는 상태가 서로 균형을 이루지 못하고 잠에 빠진다면, 저 엔디미온(그리스 신화 중의 인물. 양치기로서는 보기 드문 미소년으로, 달의 여신 셀레네의 사랑을 받아 한없이 잠만 잤다 함)의 이야기는 무의미한 것이 되고 말 것이네. 왜냐하면 그 밖의 모든 것들도 잠에 빠진 상태가 되어 버려, 마침내 엔디미온이란 존재는 아무 곳에도 없게 될 테니까. 만일 이 세상의 모든 것이 결합되기만 하고 분리되는 일이 없다고 한다면, 아낙사고라스(고대 그리스 이오니아 학파의 철학자)가 말한 바와 같은 '만물은 혼돈'이란 상태에 빠지기 쉬울 것이네.

친애하는 케베스, 그러므로 만일 생명 있는 모든 것이 죽고, 죽은 후 영원히 그 상태에 머물러 되살아나는 일이 없다면, 결국 모든 것이 죽어 버리고 살아 있는 것이라곤 하나도 없게 될 것이 아닌가. 그 밖의 어떤 다른 결과를 우리는 기대할 수 없을 걸세. 만일 살아 있는 것이 다른 살아 있는 것으로부터 생성된다면, 이것들 또한 사멸할 경우 결국 모든 것은 죽음 속에 파묻히고 말 것이니 말일세."

케베스가 말하였습니다.

"그럴 수밖에 없겠지요. 선생님 말씀이 옳은 것 같습니다."

"케베스, 앞에서 말한 것들이 진실이라면—나는 그것을 굳게 믿고 있네만—지금까지의 우리의 논의에는 결코 착오가 없었던 것이 되네. 그리고 되살아나는 것이 사실이라면, 산자는 죽은 자로부터 생성되며 죽은 자의 영혼이 존재한다는 것 또한 사실임에 틀림이 없을 것이네."

케베스가 여기에 응답하여 말하였습니다.

"소크라테스! 선생님께서 우리들에게 자주 말씀해 주시던 이론, 즉 안다는 것은 다름아닌 상기想起라던 그 가설이 진리라면, 지금 우리가 상기해 내는 것들은 필연적으로 언젠가 전에 배웠던 것들이라는 결론에 도달하게 됩니다. 그렇지만 이것은 우리의 영혼이 삶의 형태를 지니고 태어나기 이전에 어느 다른 곳에 있지 않았다고 하면 불가능한 일이 될 것입니다. 그러므로 여기에도 영혼불멸靈魂不滅의 증거가 있을 듯싶습니다."

그러자 심미아스가 입을 열었습니다.

"그런데 케베스, 그 상기설이 어떻게 입증되었는지 좀 말해 주게나. 지금 나는 그것을 분명하게 기억하지 못하고 있네."

"그 질문 자체가 근사한 논거가 되네."

카베스가 말을 이었습니다.

"가령 자네가 어떤 사람에게 적당한 질문을 한다면, 그 사람은 이에 합당한 대답을 할 수 없네. 그런데 그것은 그 문제에 대한 이해와 지식이 없이는 불가능한 일이네. 이와 같은 일들은 기하학의 도형圖形이나 이와 비슷한 것을 문제삼을 때 얼마든지 입증되는 것이라네."

소크라테스가 다시 말씀하셨습니다.

"심미아스, 아직 자네가 확신이 서지 않는다면 다른 각도에서 고찰해 보기로 하세. 안다는 것이 어떻게 상기일 수 있는가에 대하여 자네가 아직도 의혹을 품고 있는 듯하니 말일세."

"의혹을 품고 있는 것은 아닙니다" 하고 심미아스가 대답하고 말을 이었습니다.

"그 상기설에 대해 우리가 어떻게 토론했었던가를 검토해 보고 싶었을 뿐입니다. 방금 케베스가 말한 것을 듣고 보니, 충분히 납득할 만큼 기억이 납니다. 그럼에도 불구하고 여전히 그 문제에 대해 선생님이 어떻게 접근해 가시는지를 듣고 싶습니다."

"나는 그것을 이렇게 보고 있네. 즉 무엇인가를 상기해 낸다는 것은, 언젠가 그에 대해 알고 있었다는 것임에 분명하다는 것일세. 이에는 동의하는가?"

"동의합니다."

"그렇다면 지식이 그와 같은 과정을 통하여 생길 경우, 그것을 상기라고 부르는 데 대해서도 또한 우리는 합의를 보고 있는 것이 아닐까? 내가 말하려는 것은 다음과 같은 것일세. 어떤 사람이 무엇인가를 보거나 듣거나, 또는 그 밖의 다른 어떤 감관感官으로 그것을 감지感知할 때, 그는 그것뿐만 아니라 그 것으로 말미암아 어떤 다른 것도 생각해 낸다고 가정해 보면, 그때 그 사람은 자기가 생각한 것을 상기했다고 말할 수 있지 않겠는가?'

"무슨 말씀이신지요?"

"예를 들어보겠네. 가령 어떤 악기를 아는 것과 어떤 사람을 아는 것은 분명히 다른 것이라는 점에는 자네도 동의할 줄로 생각하네."

"네, 동의합니다."

"자네도 잘 알다시피, 사랑하는 사람의 악기나 옷자락, 또는 그 밖의 소유물을 보았을 때 사람들은 흔히 그 물건 자체를 인식함과 동시에 마음속으로는 그 물건의 소유자인 연인의 모습을 그리네. 이것이 바로 상기이네. 마찬가지로 심미아스를 보는 사람은 가끔 케베스를 생각할 걸세. 이와 비슷한 예는 얼마든지 있네."

"물론입니다" 하고 심미아스가 대답하였습니다.

"그리고 이와 같은 것도 상기라고 할 수 있지 않을까? 오랫동안 보지 못했기 때문에 잊어버린 것에 대하여, 앞에서와 같은 일이 일어날 경우 말일세."

"그렇습니다."

"그렇다면 말[馬]이나 악기를 보고서 어떤 사람을 상기한다거나 심미아스의 그림을 보고서 케베스를 상기하는 것도 가능하겠지?"

"분명 가능합니다."

"그리고 또한 심미아스의 초상화를 보고서 심미아스 자신을 상기하는 것도 가능하겠지?"

"네, 그렇습니다."

"그러면 이와 같은 경우로 미루어 보아 모든 상기는 닮은 것에서 일어날 수도 있고, 닮지 않은 것에서 일어날 수도 있지 않겠나?"

"그렇습니다."

"그런데 닮은 것을 보고서 무엇을 상기하게 될 경우에는, 그 닮은 것이 상기되고 있는 것과 완전하게 닮았는가 그렇지 못한가를 반드시 생각해 보게 될 걸세."

"네, 그렇습니다."

"여기서 한 걸음 더 나아가 나무 토막이 나무 토막과 같다든지 돌이 돌과 같다는 등의 '동등'과는 뚜렷이 구별되며, 모

든 것을 초월하는 '동등', 즉 동등 자체가 있음을 인정할 수 있
을 것이라고 나는 생각하네. 이것을 인정하는가?"

"인정합니다" 하고 심미아스가 대답하였습니다.

"그렇다면 우리는 그 '동등' 자체가 무엇인가를 알고 있는
걸까?"

"네, 알고 있습니다."

"우리는 어디에서 그 지식을 얻게 되었는가? 우리가 취한
그 동등 자체란 개념을 나무 토막이나 돌, 그 외의 물체들의
동등을 보고서 얻은 것은 아닐까? 그 동등 자체는 가시적 동
등과는 상당히 다른 것임에도 불구하고 말일세. 자, 같은 방
식으로 그에 대해 살펴보세. 똑같은 나무 토막, 똑같은 돌이
그 자체로서는 아무 변화도 없는데, 어떤 사람에겐 같게 보이
고 어떤 사람에겐 같지 않게 보이는 경우가 없을까?"

"있습니다."

"그렇다면, 자네, 절대적으로 동등한 물체가 동등하지 않다
는 데 대한 동등은 동등이 아니라는 데 대해서 생각해 본 적
이 있는가?"

"그런 일은 결코 없습니다."

"그럼, 결국 동등이란 동등 자체와는 다르다는 말이 되는가?"

"제가 보기에는 그렇습니다."

"동등 자체와는 확연하게 다른 것이기는 해도, 자네에게 동등 자체라는 인식을 가져다 준 것은 바로 이들 동등한 물체들이 아니겠나?"

"그렇습니다."

"그렇다면 그 동등 자체는 동등한 것들과 닮을 수도 있고, 닮지 않을 수도 있으리라고 생각되지 않나?"

"네, 그렇게 생각됩니다."

"그것은 아무래도 상관이 없네. 어쨌든 자네가 어떤 것을 보고 다른 것을 생각해 낸다면, 그 양자가 닮았거나 닮지 않았거나 분명히 그것은 일종의 상기想起가 아니겠는가?"

"그렇습니다."

"그렇다면 만일 나무나 그 밖의 어떤 물체들의 동등을 동등 자체란 관점에서 볼 때에도 같다고 할 수 있겠는가? 아니면 동등에 근접하기는 해도 동등 자체에는 훨씬 미치지 못한다고 보는가, 또는 전혀 미치지 못한다고 보는가?"

"훨씬 미치지 못한다고 봅니다" 하고 심미아스가 대답하였습니다.

"그리고 우리는 이와 같은 것에도 공감共感할 수 있지 않을까? 만일 어떤 사람이 어떤 물건을 보고서, 그것을 다른 어떤 것과 같게 하려고 하지만 그렇게 할 수 없고 거기에 미치지 못한다는 것을 알게 될 경우, 그 사람은 그것이 비슷하기는 하지만 거기에 미치지 못하는 어떤 다른 것을 미리 알고 있어야 할 것이 아닌가?"

"이와 같은 사실은 여러 가지 동등한 것들과 동등 자체에도 부합되는 것이 아닐까?"

"그렇습니다."

"그렇다면 우리가 처음으로 사실상 같은 것들을 보고, 그것들이 동등 자체에 도달하려고 애쓰지만 거기에 미치지 못하고 있음을 깨닫기 이전에, 이미 우리에겐 동등에 대한 어떤 선입관이 있었던 것이 틀림없네."

"그렇습니다."

"그리고 우리는 동시에 동등이란 눈으로 본다든지, 손으로 만져 본다든지, 그 밖의 어떤 다른 감각 기관을 통해서만 그 개념을 얻게 되었으며, 또한 얻을 수 있었다는 데 대해서도 공감할 것이라 여겨지네. 이 밖의 다른 모든 경우에도 이렇게 말할 수 있으리라 나는 생각하네."

"우리의 논의로 보아 그럴 수밖에 없습니다."

"그렇다면 모든 감각적인 동등이 동등 자체에도 도달하려고 하지만 거기에 미치지 못한다는 것을, 우리는 오직 감각을 통해서만 알 수 있다는 말인가?"

"네, 그렇습니다."

"그렇다면 우리는 보거나 듣거나, 또는 그 밖의 어떤 다른 감관을 사용하기 이전에 절대적으로 동등한 것이 있다는 인식을 어디선가 얻었음에 틀림없네. 그렇지 않고 감각을 비교의 기준으로 삼는다면, 감각적으로 동등한 물체들은 비슷해지려고 갈망하기는 하나 그것은 그저 불완전한 모방일 뿐이라는 사실을 우리는 결코 알아낼 수 없었을 것이네."

"논리적인 결론입니다."

"그런데 우리는 세상에 태어나는 순간부터 보고 듣고, 또한 그 밖의 다른 감각 기관을 사용하기 시작하지 않는가?"

"그렇습니다."

"그렇다면 우리는 이미 그 이전에 동등에 대한 인식을 획득했음을 인정해야 할 것이네."

"그렇습니다."

"그러니까 그것은 우리가 이 세상에 태어나기 전이란 말이지?"

"물론입니다."

"우리가 이 세상에 태어나기 이전에 이미 그것을 알았으며, 또한 태어나는 순간에 그것을 소유하는 것이라면, 태어나기 이전이나 태어난 직후에 우리는 동등하다거나, 상대적으로 크다거나 하는 인식뿐만 아니라 다른 모든 절대적인 기준도 알고 있었을 것이 아닌가? 지금 우리의 논의는 비단 '동등'뿐만 아니라 '미 자체'와 '선 자체', '경건 자체'를 비롯하여 이 밖에도 '절대적'이라는 말을 붙일 수 있는 모든 것에 적용될 것이네. 그러므로 우리는 이 모든 것에 대한 인식을 이 세상에 태어나기 이전에 이미 지니고 있었음이 분명하네."

"그럴 겁니다."

"그리고 일단 획득한 인식을 잊어버리지 않는다면, 우리는 그것을 계속하여 알 것이며, 또한 평생토록 알 것이라고 생각지 않는가? 안다는 것은 어떤 것에 대하여 획득한 인식을 유지하는 것이며, 그것을 잃지 않는 것이니까. 심미아스, 망각이란 간단히 말해서 인식의 상실이 아니겠나?"

"그것은 사실입니다."

"그렇지만 태어나기 이전에 획득한 인식을 태어나는 순간에 상실하고 나중에 감각적 훈련을 통해 되찾는 것이 사실이라면, 우리가 배워서 안다고 하는 것은 바로 우리가 본래 지니고 있던 지식을 되찾는 것이 아니겠나? 그리고 그것을 상기想起라고 부르는 것이 옳을 것이네."

"그렇습니다."

"그것은 이제까지 말해 온 것으로 분명히 밝혀졌듯이 우리가 시각이나 청각 또는 그 밖의 다른 감각 기관을 통하여 무엇인가를 지각知覺하게 될 때, 우리는 이 지각으로부터 그것과 닮았거나 닮지 않았거나, 그것을 통하여 우리가 잊어버렸던 다른 어떤 것을 생각해 내는 일이 가능하기 때문일세. 즉 우리 모두 기준이 되는 인식을 지니고 태어나 평생 동안 그것을 지니고 있든지, 그렇지 않으면 배움으로써 그들이 전에 알았던 것을 상기하게 되든지 말일세. 안다는 것을 결국 상기에 지나지 않는다고 말할 수 있지 않을까?"

"참으로 옳은 말씀입니다."

"자, 심미아스, 그렇다면 자네는 이 두 가지 중 어느 것을 택하겠는가? 인식을 지니고 태어난다고 할 것인가, 아니면 태어나기 이전부터 이미 소유하고 있던 인식을 상기해 내는 것이라 할 것인가?"

"어느 것을 취해야 할지 지금 당장은 모르겠습니다."

"그렇다면 또 다른 선택을 해보게나. 자기가 알고 있는 어떤 것에 대해 알고 있는 사람은 그것에 대해 완벽하게 설명할 수 있어야 한다고 생각하는가?"

"물론 설명할 수 있어야 할 겁니다."

"그렇다면 자네는 우리가 지금까지 논해 온 것에 대하여 누구든지 다 이론적으로 설명할 수 있으리라고 생각하는가?"

"그렇게 생각하고 싶습니다만, 안타깝게도 그렇지 못합니다" 하고 심미아스가 대답하고 말을 계속하였습니다.

"아마 내일 이맘때면, 이 지구상에 그와 같은 이론을 전개할 수 있는 사람은 한 사람도 없게 되지 않을까 두렵습니다."

그분이 말씀하셨습니다.

"심미아스, 그러면 자네는 모든 사람들이 그런 인식을 지니고 있는 것은 아니라고 생각한다는 말인가?"

"네, 그렇습니다."

"그렇다면 그들은 배워서 안 것을 상기할 뿐이라는 뜻이지?"

"네, 그렇습니다."

"그렇다면 우리의 영혼은 그것들에 관한 지식을 언제 얻었을까? 우리가 세상에 태어난 후일 리는 없으니 말일세."

"물론 태어난 후는 아닙니다."

"그럼 태어나기 전이란 말인가?"

"네, 그렇습니다."

"그러면 심미아스, 우리의 영혼은 우리가 인간의 형상을 취하기 이전부터 육체와 독립되어 존재하고 있었으며, 또한 생각하는 능력도 소유하고 있었던 것이 되네."

"우리가 이와 같은 지식을 태어나는 순간에 얻는 것이 아니라면, 그럴 수밖에 없겠지요. 오직 출생이라는 시각만이 우리에게 가장 유일한 계기가 되니까요."

"그렇네. 나의 벗이여, 그러면 우리는 언제 그것들을 잃어버리는 건지 말해 주게나. 우리가 그것들을 가지고 태어난 것이 아님은 방금 인정했으니 말일세. 우리는 그것들을 얻는 순간 다시 잃어버린단 말인가? 그 밖의 어떤 다른 때를 제시할 수 있는가?"

"그럴 수 없습니다. 저는 지금 제가 어떤 말을 하고 있는지조차 모릅니다."

"그렇다면 심미아스, 우리가 언제나 되풀이해 온 바와 같이 아름다움이나 선이나 그 밖의 모든 것에 본질이 있다고 한다면, 그리고 그것은 우리가 이 세상에 태어나기 전에 이미 있었다면, 또 우리가 지금 소유하고 있다는 것을 알게 된 것들에 우리의 모든 감각을 비추어 보는 것이라고 한다면, 우리의 영혼도 우리가 이 세상에 태어나기 이전에 이미 존재하고 있었다는 것은 필연적인 사실이 아니겠는가? 그렇지 않다면 우리의 논증은 부질없는 것이 되지 않겠나? 그러므로 이와 같은 것들이나 우리들의 영혼도 우리가 이 세상에 태어나기 이전부터 있었을 것이 아닌가?"

심미아스가 입을 열었습니다.

"소크라테스, 저는 이제 전자나 후자가 다 같이 논리적 필연성을 가지고 존재함을 확신합니다. 이제 우리의 논의는 영혼이 출생 이전에 존재했다는, 선생님이 말씀하시는 본질의 존재와 떼어서 생각할 수 없다는 결론에 도달했습니다. 이제 저에게는 미와 선, 그리고 선생님께서 말씀하시는 것들이 분명히 존재한다는 것보다 더 명료한 해답은 없습니다. 저는 그것이 충분히 입증되었다고 생각합니다."

"그러나 케베스도 그렇게 생각할까?" 하고 소크라테스가 말씀하셨습니다. "케베스도 설득시켜야 할 텐데."

"케베스도 충분히 납득하였으리라고 믿습니다."

심미아스가 말을 이었습니다.

"물론 그가 논쟁을 함에 있어 이 세상 누구보다도 완고한 사람인 것은 사실입니다. 그러나 그도 우리의 영혼이 출생 이전에 존재하고 있었음을 충분히 납득하고 있으리라고 생각합니다. 그러나 인간이 죽은 후에도 계속해서 영혼은 존재한다는 데 대해서는 아직 저도 충분히 납득하고 있지 않습니다. 죽는 그 순간에 영혼은 흩어지고, 그것이 영혼의 존재의 마지막이 되리라고 생각하는 사람들이 많다고 한 케베스의 생각에 저도 동감입니다. 설사 영혼이 어떤 다른 곳에 태어나 특별한 성분을 지니고 있다고 하더라도, 그것이 일단 사람의 몸속에 들어갔다가 떠나는 순간에는 소멸되어 버린다는 것을 부인할 수 있는 근거는 무엇일까요?"

"오, 심미아스, 자네 말이 맞네" 하고 케베스가 말하였습니다. "우리들의 영혼은 태어나기 전에 이미 존재하였다는 것은 반쯤은 입증된 셈이네. 그러나 출생 이전에 존재했던 것과 마찬가지로 죽은 후에도 영혼이 존재한다는 것에 대해서는 아직 입증되지 않았네. 이것이 입증되면 우리의 증명은 완성될 것일세."

"그렇지만 심미아스, 그리고 케베스, 지금 입증된 것과 앞서 우리가 의견의 일치를 본 것—살아 있는 모든 것들은 죽은 것으로부터 온다는 것을 결부시키면, 증명은 이미 다 된 것이 아니겠나? 만일 영혼이 출생 전에 이미 존재하는 것이요, 또 이 세상에 태어나 생명을 향유하게 된다면 그것은 죽은 자에게서, 죽은 상태로부터 태어난 것이 분명하며, 그것이 되살아 난다면 죽은 후에도 존재하는 것 또한 분명한 사실이네.

그러므로 케베스, 자네가 언급한 점들은 충분히 입증된 셈이네. 그럼에도 불구하고 자네들은 논의를 더 끌고 싶어하는 것 같군. 마치 아이들처럼 영혼이 육체를 떠난다면 바람에 날려 산산이 흩어지지 않을까 염려하는 것 같군. 그리하여 바람 없는 잔잔한 날에 죽지 않고 큰 폭풍우가 밀어닥칠 때 죽으면 더욱 쉽사리 흩어지지 않을까 하고 말일세."

케베스가 웃으면서 말하였습니다.

"오, 소크라테스, 우리가 그렇게 되는 것을 두려워한다고 간주하시고, 결코 그렇게 되지 않는다는 것을 우리에게 납득시켜 주십시오. 아니, 두려워하는 것은 우리 자신이 아니라 우리 내부에 있는 어린애 같은 공포심을 지닌 어린 소년일 거라고 생각하시고, 그 소년으로 하여금 죽음을 무슨 유령처럼 생각하고 두려워하지 않도록 설득시켜 주십시오."

소크라테스가 말씀하셨습니다.

"그렇다면 그 두려움이 사라질 때까지 날마다 마법의 노래를 부르기로 하세."

"그렇지만 이제 선생님께서 떠나 버리시면 어디서 우리의 두려움을 물리칠 훌륭한 마술사를 찾을 수 있을까요?"

"케베스, 그리스는 넓은 곳이네. 훌륭한 사람도 많이 있을 뿐 아니라, 외국 태생의 사람들도 이제는 적지 않네. 이 많은 사람들 속에서 그와 같은 마술사를 찾아야 하네. 돈이나 노력을 아껴서도 안 되네. 돈을 쓰는 데 이보다 더 유용한 일이 어디 있겠나. 그리고 자네들 가운데서도 서로 찾아야 하네. 왜냐하면 자네들 자신보다 그런 일에 관하여 더 잘 아는 사람을 찾을 수 없을지도 모르니까."

"네, 반드시 찾아보겠습니다."

케베스가 말을 이었습니다.

"그런데 이의가 없으시다면 이제 아까 중단하셨던 이야기를 계속해 주셨으면 좋겠습니다."

"그러세. 내가 좋아하는 것 또한 그것밖에 없으니까."

"감사합니다."

"그렇다면 어떤 물체가 본질적으로 그처럼 흩어지고 소멸할 운명이기 때문에 우리가 그 운명을 두려워하는 것인지, 또는 어떤 물체는 그런 것이 아니므로 우리는 거기에 대하여 전혀 두려움을 가질 필요가 없는 것인지 자문해 보아야만 하네. 그리고 나서 우리는 우리의 영혼이 그 중의 어느 것에 속하는지 생각해 보아야 하네. 그렇게 되면 우리는 우리들 자신의 영혼에 관하여 희망을 품을 것인지, 두려움을 가질 것인지 분명히 알게 될 걸세."

"옳은 말씀입니다."

"그런데 합성合成되어 있는 것은 그 본질상 분해될 수 있는 것이 아닐까? 그리고 반대로 합성되어 있지 않은 것은 어느 것이든 분해되지 않는 것이 아닐까?"

"그럴지도 모릅니다" 하고 케베스가 대답하였습니다.

"그리고 극단적으로 보아 항상 불변하고 일관된 것은 합성되지 않으며, 반면에 변화하고 다양한 것은 합성되는 것이 아닐까?"

"저도 그렇게 생각합니다."

"그렇다면 조금 전에 논의하던 대로 되돌아가 보기로 하세. 우리가 우리의 논의에서 자체라고 정의한 것은 언제나 고정 불변하는 것일까? 그렇지 않으면 변화하는 것일까? 즉 동등 자체나, 아름다움 자체, 그리고 실제로 존재하는 독립된 실체들은 그 자체로서 이미 어떤 변화를 받아들인 것일까? 이와 같은 것들은 언제나 그대로 있으며, 또한 언제나 변치 않는 모습으로 독자적으로 존재하며 어느 면으로나, 어디서나, 어느 때를 막론하고 변화하는 법이 없는 것일까?"

케베스가 말하였습니다.

"소크라테스, 그것들은 언제나 그대로 있을 것입니다."

"그러면 그 많은 아름다운 것들은 어떨까? 즉 사람이라든지 말, 옷 그리고 그 밖의 아름답다는 말을 듣는 모든 개별적인 것들은 언제나 불변하며 그대로 있을까? 그렇지 않으면 그것들은 그 자체에 있어서나 혹은 상호간에 있어서 언제나 변하여 그대로 있는 법이 거의 없는 것은 아닐까?"

카베스가 말하였습니다.

"그렇습니다, 그것들은 언제나 변하고 있습니다."

"이들 구체적인 물체들은 우리의 감각 기관으로 만질 수 있고 볼 수 있으며 감지할 수 있지만, 불변하는 실체들은 이성의 사유思惟에 의해서가 아니고는 파악할 수 없네. 그것들은 우리 눈에 보이지 않는 것이니까."

"분명히 그렇습니다."

"그러면 무릇 존재하는 것들은 두 가지 종류로 분류하면 어떨까? 즉 눈에 보이는 것과 보이지 않는 것으로 말일세."

"네, 좋습니다."

"눈에 보이는 것은 변하는 것이요, 보이지 않는 것은 변하지 않는 것이겠지?"

"그럴 것입니다."

"그런데 우리 자신을 놓고 생각해 볼 때, 일부러 육체이고 다른 일부는 영혼이 아니겠나?"

"분명 그러합니다."

"그렇다면 육체는 어떤 종류에 더 가깝고, 어떤 종류와 닮았다고 보아야 할까?"

"그야 물론 눈에 보이는 것에 가깝지요. 이건 누구에게나 분명한 사실일 것입니다."

"그러면 영혼은 어떠한가? 눈에 보이는 것인가, 보이지 않는 것인가?"

"오, 소크라테스, 적어도 사람에게는 보이지 않는 것이지요."

"그런데 보인다, 보이지 않는다 하는 말들은 사람의 눈으로 볼 수 있다는 것과 볼 수 없다는 것을 의미하겠지? 자네는 우리에게 또 다른 본성이 있다고 생각하는가?"

"없다고 생각합니다."

"그러면 영혼은 보이는 것인가, 보이지 않는 것인가?"

"보이지 않는 것입니다."

"그렇다면 형체가 없는 것이겠지?"

"그렇습니다."

"그러면 영혼은 형체가 없는 것에 보다 가깝고, 육체는 형체가 있는 것보다 가깝단 말이지?"

"당연히 그렇습니다."

"아까도 말하였지만, 영혼이 지각知覺의 수단으로서 육체를 사용할 때, 즉 시각이나 청각 그 밖의 다른 어떤 감각 기관이든―육체로써 지각한다는 것은 곧 감각을 통한 지각을 의미하니까―영혼은 육체에 끌려 변화하는 것들의 세계로 휩쓸려 들어가 방황하며 혼미에 빠져 술취한 사람처럼 허둥거리는 것이 아닐까?"

"그렇습니다."

"그러나 영혼만으로 조용히 고찰할 때, 순수하고 영원불변하며 불멸의 세계로 들어가게 되는 것이 아닐까? 이 세계는 영혼과 동질적인 것이므로 영혼이 육체의 방해에서 벗어나 독립하게 되면, 그리하여 유사한 본성들과 교류하게 되면 영혼은 더 이상 방황하지 않고 그 절대적이며 불변하는 범주 속에 머무르게 될 것이네. 그리고 영혼의 이러한 상태를 바로 지혜라고 부르는 것이 아니겠는가?"

"오 소크라테스, 참으로 훌륭하고 지당한 말씀입니다."

"그럼 앞서 말했던 것과 지금 말했던 것으로 미루어 보아, 영혼은 어느 것에 더 가깝고 또 관계가 깊다고 생각되는가?"

"지금까지 논한 것을 다 들은 사람이면 누구든 영혼이 변하는 것보다는 변하지 않는 것을 더 닮았다고 생각할 것입니다. 가장 우둔한 사람도 이것을 부인하지는 못할 것입니다."

"그렇다면 육체는 무엇과 비슷한가?"

"변하는 것과 비슷합니다."

"그럼 이렇게 생각해 보게. 즉 영혼과 육체가 결합되어 있을 때, 자연은 전자 즉 영혼에겐 지배하고 통치하는 역할을, 후자인 육체에겐 복종하고 섬기는 역할을 주었다고. 이런 관계에서 과연 어느 것이 신성한 부분이며 어느 것이 인간적인 부분일까? 자네 생각엔 신적神的인 것은 으레 복종하고 섬기는 것이라 여겨지지 않는가?"

"네, 그렇게 생각됩니다."

"그렇다면 영혼은 그 중에서 어느 것을 닮았겠나?"

"분명 영혼은 신적인 것을 닮았고, 육체는 사멸할 것을 닮았습니다."

"그러면 케베스, 이제 이것이 결국 지금까지 우리가 논해 온 모든 것으로부터 도출된 결론인지 아닌지 생각해 보세. 즉 영혼은 신성한 것과 흡사하고 불멸하며 예지적이요 한결같은 모습을 지닌 채 분해되지 않으며 불변하는 것인데 비해, 육체는 인간적이고 사멸하며 비예지적이고 여러 가지 형태로 분해 변화하는 것과 흡사하다는 것일세. 친애하는 케베스, 그렇지 않다고 생각하면 반증해 보게나."

"이의가 없습니다."

"그렇다면 육체는 급속히 분해되는 반면, 영혼은 거의 또는 전혀 분해되지 않는 것이 아닐까?"

"분명히 그렇습니다."

"자네도 아는 바와 같이 사람이 죽으면 가시적可視的이며 육체적인 부분은, 그 가시적인 세계에 있어서 시체라고 불리며 그 본질상 분해되고 소멸되는 것이지만, 죽음이 건강한 육체에, 더욱이 더운 계절에 찾아온다 하더라도 한동안은 이 세상에 머무를 수 있는 것이 아니겠는가? 그리고 이집트에서처럼 시체에 향료를 바르고 건조시키면, 거의 믿을 수 없을 만큼 오랫동안 원상태로 보존될 수 있는 것이 아니겠나? 그리고 설사 썩는다고 하더라도 육체의 어떤 부분, 예컨대 뼈 같은 것은 그대로 존속되어 불멸이라고 할 수 있지 않겠나?"

"네, 그렇습니다."

"그러나 비가시적非可視的 부분인 영혼은 그 자체와 같은 비가시적이며 순수하고 빛나는 곳, 선善과 현명한 신이 존재하고 있는 진정한 하데스로 갈 것이네. 그것이 신의 뜻이라면 말일세. 그런데 이러한 본성을 지닌 영혼이 육체를 떠나자마자─많은 사람들이 말하는 바와 같이─바람에 흩날리고 소멸해 버리는 것일까? 오, 친애하는 심미아스, 그리고 케베스, 절대로 그렇지 않네. 진실은 이와 정반대이네. 특히 이 세상에 사는 동안 육체와 어울리기를 애써 피하고 자기 자신을 가다듬던 영혼은, 육체를 떠날 때에 깨끗하며 육체의 오염된 흔적이 전혀 없기 때문에 더욱 그럴 수 없을 걸세. 그처럼 한평생 육체로부터의 해탈에 힘쓴 영혼, 다시 말해서 참으로 철학을 추구해 온 영혼은 언제나 죽음을 쉽게 맞이하는 연습을 해왔던 걸세. 철학이란 '죽음의 연습' 바로 그것을 의미하는 것이네. 그렇지 않은가?"

"명백히 그렇습니다."

"그러한 영혼은 그 자체와 마찬가지로 비가시적이며, 신성하고 불멸하며, 예지적인 곳을 향하는 것이 아닐까? 인간의 실수, 어리석음, 공포, 그 밖의 모든 인간적 악에서 떠나 행복이 기다리는 곳으로 말일세. 마치 비밀교秘密敎에 입교한 사람들을 가리켜 세상에서 말하는 것처럼, 남은 시간 동안 신들과 함께 보내는 것이 아닐까? 오, 케베스, 이 견해를 받아들이는 데 어떤 이의가 있나?"

"없습니다" 하고 케베스가 대답하였습니다.

"그러나 육체를 떠날 때에 더럽혀진 영혼, 깨끗하지 못한 영혼, 즉 언제나 육체와 결합하여 육체를 돌보고 육체를 사랑하며 육체의 여러 가지 욕망과 쾌락에 현혹된 영혼, 그리하여 진리는 오직 손으로 만질 수 있고 눈으로 볼 수 있으며 맛볼 수 있고, 또한 그 밖의 여러 가지 정욕의 노예가 되는 육체적인 것에만 있다고 믿으며, 육체의 눈으로 볼 수 없고 오직 철학적인 안목에 의해서만 깨달을 수 있는 예지적인 것을 미워하고 두려워하며 회피하는 영혼이 어떻게 깨끗하게 되고 순수해지리라고 생각할 수 있겠는가?"

"그것은 불가능한 일이지요."

"그와 같은 영혼은 언제나 육체와 교류하여 밤낮 육체적인 일에만 몰두함으로써, 마침내 육체적인 것이 그 본성에 스며들어 결국 육체적인 것에 얽매이게 될 것이네."

"옳은 말씀입니다."

"사랑하는 벗이여, 이 육체적인 것은 무겁고 압제적이며 세속적이고 가시적인 것일세. 그러므로 보이지 않는 저 세상, 다시 말하면 하데스를 두려워하는 까닭에 육체적인 것에 물든 영혼은 그 무게로 말미암아 다시 가시적인 세계로 끌려 나와 무덤가를 배회하게 되는 것이네. 실제로 보이곤 하는 그 환영幻影들은 바로 가시적인 부분이 아직 남아 있는, 깨끗해지지 않은 영혼의 유령인 것이네."

"충분히 그럴 것 같습니다."

"케베스, 그와 같은 영혼들은 좋은 영혼이 아니고 사악한 영혼인 걸세. 따라서 그 영혼들은 지난날의 악한 행위에 대한 벌로서 그런 장소에서 배회하지 않을 수 없는 걸세. 이처럼 배회하다가 결국 끊임없이 그들을 유혹하는 육체적인 갈망을 통해 마침내 또 다른 육체 속에 갇히게 되는 걸세. 그리하여 그 영혼들은 전생에서의 여러 가지 습성에 또다시 매이게 되는 것이라고 생각되네."

"어떤 습성들을 말씀하시는 건지요, 소크라테스?"

"음식을 너무 많이 먹는다든지, 이기적이라든지, 술에 취한다든지 하는 습성을 의미하네. 이처럼 좋지 못한 습성에 젖어 이런 것을 피하려고 생각해 본 일이 없는 사람은, 마치 당나귀나 그와 비슷한 동물의 형태를 취할는지도 모르네. 자네는 그렇게 생각지 않나?"

"그럴 것 같습니다."

"그리고 의식적으로 무책임하고 무법적이며 폭력적인 생활을 좋아하는 사람들은 이리나 솔개, 매 같은 것으로 태어나는 것이 아니겠나? 그 밖에 달리 어디로 갈 수 있으리라고 생각할 수 있겠는가?"

케베스가 대답하였습니다.

"달리 생각할 수 없습니다. 그런 짐승 속에나 들어갈 수밖에 없을 겁니다."

"그렇다면 그 밖의 다른 모든 것들도 그들의 습성에 따라 제각기 어울리는 곳으로 가리라는 것은 쉽사리 상상할 수 있지 않을까?"

"상상할 수 있습니다."

"그들 가운데 가장 행복한 사람들, 그리고 가장 좋은 곳으로 가는 사람들은, 철학과 이성의 도움이 없이 습관과 수련으로 이른바 절제와 성실이라고 하는 보통 시민으로서의 선을 쌓은 사람들이 아닐까?"

"그들이 어찌하여 가장 행복합니까?"

"왜냐하면 그들은 꿀벌이나 말벌, 그리고 개미 등과 같은 질서 있고 사회적인 종류로 다시 나올 수도 있으며, 또 인간으로 환생하여 점잖은 시민이 될 수도 있기 때문이네."

"그럴 법도 하군요."

"그렇지만 철학을 하지 않고 또 절대적으로 순수해지지 못한 영혼들은 결코 신성神性을 얻을 수 없네. 그것은 오직 지혜를 사랑하는 자만이 얻을 수 있는 것이네. 심미아스와 케베스, 이것이 바로 참된 철학자들이 온갖 육체적 욕망을 삼가고 그것들에 저항하여 복종하지 않는 이유이네. 그들이 이와 같이 하는 것은, 돈을 사랑하는 일반 사람들처럼 가난이나 재정적 손실을 두려워하기 때문이 아니며, 또한 권력이나 명예를 사랑하는 사람들처럼 불명예나 악평을 두려워하기 때문도 아니네."

"그야 그렇겠지요, 소크라테스" 하고 케베스가 말하였습니다.

"그렇고말고. 그러므로 자기 자신의 영혼을 돌보고 그것을 육체에 종속시키지 않는 사람들은, 육체와의 관계를 끊고 육체가 생각없이 떠나려는 여행길에 동반하기를 거절할 걸세.

그리고 그들은, 철학이 지시하는 해방과 정화淨化를 거절하는 것이 옳지 못함을 믿으며, 어디든 철학이 이끄는 대로 따르는 것일세."

"무슨 말씀이신지 납득이 가지 않습니다."

"그건 다름아니라 이와 같은 것일세. 지혜를 추구하는 사람들은, 철학에 접하기 전에는 자신들의 영혼이 육체 속에 갇혀 있고 모든 사물을 감옥의 창살을 통해서만 내다볼 수 있으며, 자기 스스로 보지 못하고 완전한 무지 속에서 몸부림치고 있다는 것을 깨닫고 있네. 그리하여 철학자는 육욕으로 말미암아 스스로를 속박하는 공범자共犯者가 되어 그 속박에서 벗어나지 못하고 있는 것도 알게 마련이지. 이와 같은 상태가 영혼 본래의 상태일세. 그리고 내가 말한 바와 같이, 또한 학문을 사랑하는 사람들이 잘 알고 있는 바와 같이 이런 상태에서 영혼이 그처럼 갇혀 있는 것이 얼마나 가엾은 일인가를 보고서, 철학은 그처럼 구금拘禁되어 있는 영혼을 달래어 그 속박에서 벗어나게 하려는 것이네.

이와 같이 철학이 영혼에게 눈이나 귀, 그 밖의 모든 감각 기관들이 속기 쉽다는 것을 알려 주고 이런 처지에서 벗어나도록 권유하며, 부득이한 경우를 제외하고는 그런 감각 기관들을 사용하지 않도록 하여 자기 자신을 신뢰하고, 또한 순수한 존재에 대한 자신의 이해력을 갖게 하여 다른 길을 통해서 자기에게로 다가오는, 변하기 쉬운 세상의 모든 것을 신뢰하지 않게 하네.

이와 같은 것들은 눈으로 볼 수 있고 손으로 만질 수 있는 것이지만, 영혼 그 자체가 보는 것은 예지적인 것이고 눈에 보이지 않는 것이네. 따라서 진실한 철학자는 이와 같은 영혼의 해방을 거역해서는 안 된다고 생각할 뿐 아니라, 될 수 있는 대로 육체의 쾌락과 욕망과 고통과 공포를 멀리하도록 노력해야 하네. 이것은 만일 어떤 사람이 기쁨이나 슬픔이나 공포나 또는 욕망을 갖게 되면 흔히 예측할 수 있는 피해, 가령 병에 걸린다든지 재산을 탕진하게 된다든지 하는 일을 당하게 될 뿐 아니라 그보다도 훨씬 더 큰 재해災害─모든 해악害惡 가운데서도 최악의 것─이며 미처 상상치도 못한 가장 두려운 것을 당하리라는 것을 미리 예측하기 때문이네."

그러자 케베스가 물었습니다.

"그 최악의 해악이란 대체 어떤 것입니까?"

"그 해악이란 쾌락이나 고통의 감정이 가장 강렬한 때에 어느 누구의 영혼이든, 그 강렬한 감정을 유발하는 요인이 무엇이건 간에 그것을 가장 명료하고 참된 실제로 받아들이는 것이지. 실제로 이런 효과를 드러내는 것들은 주로 가시적인 것들인데도 말일세. 어떻게 생각하나?"

"옳은 말씀입니다."

"영혼이 육체에 의해 가장 심하게 속박당하는 것은 바로 이런 상태에서 비롯되는 것이 아니겠나?"

"그건 무슨 까닭입니까?"

"모든 쾌락과 고통은 마치 못(釘)과 같아서 영혼을 육체에 고착시키고 육체적인 것으로 만들어, 육체가 입증하는 것이면 무엇이든 진실로 받아들이게 하기 때문이네. 육체에 동의하고 육체와 같이 쾌락을 추구한 결과, 육체와 같아짐으로써 결코 깨끗해질 수 없으며, 언제나 육체에 사로잡혀 있기 때문인 것이네. 그러므로 결국 육체 속에 파고들어 거기에 뿌리내리고, 자람으로써, 신적(神的)이고 순수하며 불변하는 존재와의 관계에서 배제되는 것이네."

"그것은 정말 옳은 말씀입니다" 하고 케베스가 말하였습니다.

"케베스, 이것이 바로 진정한 철학자들이 드러내는 자제력과 용기의 근원이지. 일반적으로 말해지는 그런 다른 데에 기인하는 것이 아닌 것이네."

"물론 세상 사람들이 생각하는 그런 이유 때문은 아니겠지요."

"그렇고말고. 철학자의 영혼은, 철학이 영혼을 해방시켜 주리라는 것을 알기 때문에 영혼을 쾌락이나 고통의 사슬에 내맡김으로써 페넬로페가 옷감을 짜고 나서 다시 그 실을 푼 것 (페넬로페는 출정한 남편 오딧세우스가 돌아오기를 기다리며, 청혼자를 물리치기 위해 낮에는 옷감을 짜고 밤에는 다시 실을 풀었다고 함)처럼 육체가 풀어 헤친 실을 다시 짜는 끝없는 일을 되풀이하지는 않을 걸세. 오히려 그와 반대로 정욕을 가라앉히고 이성理性을 따름으로써, 언제나 이성 속에서 참되고 신비할 것을 응시하며 그와 같은 분위기에서 살아가기를 바랄 걸세.

그러한 영혼은, 살아 있는 동안 이와 같이 생활하는 것이 옳으며, 죽은 후에 자신의 본성과 비슷한 곳에 가게 되고, 그곳에서 모든 인간적 고뇌에서 벗어날 수 있음을 믿기 때문이지. 심미아스, 그리고 케베스, 이와 같은 것들을 추구하며 살아간 영혼은 육체를 떠나게 되는 날, 바람에 날려 부서지고 흩어져 없어지리라는 염려는 조금도 할 필요가 없을 걸세."

소크라테스가 이 말을 마친 후 잠시 동안 침묵이 흘렀습니다. 우리들의 대부분도 마찬가지였지만, 소크라테스 자신도 지금까지 언급한 논의에 대하여 깊은 생각에 잠긴 것 같았습니다. 다만 케베스와 심미아스만이 낮은 목소리로 계속 이야기를 했습니다. 드디어 소크라테스가 그들에게 다음과 같은 질문을 던졌습니다.

"모두들 어떻게 생각하나? 지금까지의 내 변명이 불충분하다는 생각은 들지 않는가? 보다 더 철저히 파고들기를 원한다면 아직도 많은 의문과 반론反論이 있을 것이네. 자네들이 지금 다른 일을 문제삼고 있다면 나로서는 더 할 말이 없지만, 우리의 논의에 관하여 아직 어떤 어려움을 느낀다면 주저하지 말고 자네들의 의견을 개진해 보게. 그리하여 더 좋은 의견이 있으면 그를 채택하는 것이 좋지 않겠나? 그리고 자네들 생각에, 내가 조금이라도 자네들에게 도움이 될 수 있다고 느낀다면, 나도 함께 의논하고 도움이 될 수 있는 방법을 모색해 내는 것이 좋지 않겠나?"

그러자 심미아스가 다음과 같이 말하였습니다.

"솔직히 말씀드리겠습니다. 아까부터 저희들은 여러 가지 의문점에 대해 서로 선생님께 여쭈어 보라고 재촉하고 있었습니다. 저희들은 선생님의 답변을 갈망하고 있습니다만, 지금 같은 상황에 처하신 선생님을 괴롭히지나 않나 하는 두려움 때문에 묻기를 주저한 것입니다."

이 말을 듣자 소크라테스는 부드럽게 미소를 지으며 말씀하셨습니다.

"그게 무슨 소린가, 심미아스? 내가 자네들을 납득시키지 못하고 자네들조차 지금 내가 지난날의 어느 때보다도 불행하다고 생각한다면, 현재의 처지를 불행으로 생각지 않는다는 것을 세상 사람들에게 납득시키기란 더욱 힘들 것 같네. 분명 자네들은 나를 백조白鳥만 못한 예언자로 여기는 것 같군. 백조는 죽음이 다가오는 것을 느끼게 되면, 그들의 주인인 신의 품으로 돌아가게 됨을 기뻐한 나머지 평소보다 더욱 아름답게 노래를 하는데 말일세. 인간들이 백조의 마지막 노래를 죽음에 대한 슬픔의 표현으로 여기는 것은 큰 잘못이네. 그렇게 생각하는 사람들은 자기 자신이 지닌 죽음의 두려움으로 인해, 제비나 오리나 꾀꼬리나 그 밖의 어떤 새를 막론하고 춥거나 배가 고프거나 고통스러울 때에도 결코 우는 일이 없다는 것을 미처 생각해 내지 못하기 때문이네.

나는 절대 백조가 슬퍼서 우는 것이라고 생각지 않네. 아폴론 신의 사자使者인 백조들은 예견력이 있어, 저 세상에서 그들을 기다리고 있을 여러 가지 좋은 일들을 미리 알기 때문에 노래하는 것이라고 나는 믿네. 그러므로 백조는 죽는 바로 그 날 여느 때보다 더욱 행복하게 노래하는 것이라네.

나도 백조와 마찬가지로 아폴론 신의 종이라고 생각하네. 그러므로 백조 못지않은 예언의 능력을 부여받았으며, 백조 이상의 즐거운 마음으로 이 세상을 떠나려는 것이네. 이제 내 처지에 대한 그 염려는 멀찌감치 집어치우고 어떤 질문이든 해주게나. 아테네의 11인의 집행위원으로부터 명령이 오기 전에 말일세."

"알겠습니다" 하고 심미아스가 말을 이었습니다. "그렇다면 먼저 제가 저의 의문을 말씀드리고, 케베스는 케베스대로 납득되지 않는 점을 말씀드리기로 하겠습니다. 선생님께서도 동의하실 줄 믿습니다. 이 현세에서 이와 같은 문제들에 대하여 명확한 것을 아는 것이 불가능하지는 않을지 모르지만, 매우 어려운 일이라고 생각되는 동시에, 그러한 문제에 대하여 철저히 밝히지 않거나 끝까지 추구하지 못하고 중도에 포기하는 사람은 매우 유약한 사람이라고 생각됩니다. 저는 인간의 의무는 두 가지 중의 어느 하나라고 생각합니다. 즉 그러한 문제에 대하여 스스로 발견하든지 또는 남에게서 배워서 진실을 밝히든지, 이것이 불가능할 경우 인간이 생각해 낸 모든 이론 가운데서 최상의 것을 받아들여, 이것들을 뗏목처럼 엮어서 인생의 바다를 항해해야 한다는 것입니다. 후자의 경우는, 신의 계기에 의한 보다 확실한 안전성과 자신감이 없이 떠나는 여행을 뜻합니다. 선생님께서 저에게 의문이 되는 것을 물어 보라고 기회를 주셨기 때문에 주저하지 않고 말씀드리겠습니다. 그리하여 먼 후일 내가 왜 나의 의견을 말씀드리지 못했을까 하고 후회하지 않으려고 합니다. 이 문제에 대하여 저 혼자 생각해 보거나, 또는 케베스와 이야기를 나누어 보더라도 지금까지의 선생님 말씀에는 심각한 결점이 있다고 생각됩니다."

소크라테스가 말씀하셨습니다.

"자네 말이 옳을는지 모르겠네. 그런데 어떤 점에서 내 이야기가 충분치 못한지 그것을 말해 보게."

"네, 바로 이런 점입니다. 선생님께선 거문고의 현을 조율하는 것에 대해서도 같은 논법으로 이렇게 말씀하실 것입니다. 조율된 거문고에서 울려 나오는 화음은 눈으로 볼 수 없으며 물질적이 아닌 그 어떤 것으로서 그야말로 아름답고 신비로운 반면, 거문고와 그 줄 자체는 물질적이며 현세적인 것으로서 사멸하여 없어질 수밖에 없는 것들과 비슷한 성질을 지니고 있다고요.

선생님의 논리에 따르면, 악기가 부서지거나 그 줄이 끊어질 경우에도 그 화음만은 소멸하지 않고 여전히 존재하고, 소멸하는 본성을 지닌 악기와 줄 자체가 끊어진 상태에서도 줄은 여전히 존재하며, 신적이며 불멸의 본성을 지닌 화음은 더 이상 존재하지 않으리라고는 상상할 수 없지 않겠느냐고요. 선생님께선 화음은 어디엔가 여전히 존재하며 악기의 재료인 나무와 줄은 먼저 썩어서 없어질 것이라고 말씀하실 것입니다. 제가 이렇게 말씀드리는 것은, 우리 피타고라스 학파의 영혼에 대한 이론이 대략 이와 비슷하며, 선생님께서도 그 점을 느끼시리라 생각하기 때문입니다.

어떻습니까? 우리의 육신은 열熱과 냉기, 그리고 습한 것과 마른 것 등과 같은 극단적인 것들의 긴장으로 한데 뒤섞여 있으며, 우리의 영혼은 이런 긴장들이 적당한 비율로 조화를 이루고 있는 것이라고 생각하실 줄 압니다. 어떤 질병이나 다른 상해傷害로 말미암아 육체의 긴장이 지나치게 늘어지게 된다거나 너무 팽팽하게 죄어져 적당한 균형을 이루지 못할 때, 영혼이 아무리 신적인 것이라 하더라도 음악의 화음이나 그 밖의 다른 예술 작품의 경우처럼 곧 소멸해 버리고 마는 것이 아닐까요? 그러나 육체의 잔해殘骸는 타서 없어지거나 썩어서 없어질 때까지 오랫동안 남아 있는 것이 아닐까요? 그러므로 누군가가 영혼이란 육체의 구성 성분이며, 죽음을 당하여 먼저 소멸하는 것이라고 주장한다면 어떻게 대답해야 할지 가르쳐 주십시오."

소크라테스는 흔히 그러듯이 우리를 뚫어지게 바라보고 미소를 지으며 말씀하셨습니다.

"심미아스의 말에도 일리가 있다고 생각하네. 누구든 자네들 가운데 나보다 나은 대답을 할 수 있는 사람이 답변하는 것이 좋을 것 같네. 심미아스의 공박은 매우 날카로웠으니까. 그렇지만 그에게 답변하기 이전에 케베스의 의견을 들어 보는 것이 좋을 것 같네. 그의 말을 듣는 동안에 곰곰이 생각하노라면, 그의 의견 가운데서 옳은 점에는 찬성할 수도 있을 것이며, 그렇지 않을 경우에는 나의 견해를 그대로 지닐 수도 있을 테니까 말일세. 자 케베스, 자네의 마음속에 풀리지 않은 의문이 무엇인지 어서 이야기해 보게."

"그렇다면 말씀드리겠습니다."

케베스가 말을 이었습니다.

"제가 보기에는 우리의 논의는 제자리 걸음을 하는 것 같습니다. 즉 앞서 논의했던 바와 같다는 뜻입니다. 영혼이 현재의 형상을 갖추기 이전에 이미 존재한다는 것은 충분히 증명되었다고 봅니다. 그 점에 대해서는 저는 확신한다고까지 말할 수 있습니다. 그렇지만 죽은 후에도 영혼이 어디엔가 존재한다는 것에 대해서는 아직 증명되지 않았다고 생각합니다. 그러나 저는, 영혼이 육체보다 강하지 못하며 오래 존속하지도 않는다는 심미아스의 반론에 동의하는 것은 아닙니다. 오히려 모든 면에서 영혼이 육체를 훨씬 능가한다는 것을 인정하니까요. 그렇다면 선생님께선 저에게 이같이 말씀하실 것입니다. '보다 연약한 부분도 죽은 후에 계속 존재하는 것을 보면서, 보다 지속적인 부분이 논리적으로 보다 오래 살아 남아야 한다는 것을 어찌하여 인정할 수 없단 말인가?' 하고 말입니다. 여기에 대하여 저도 심미아스와 마찬가지로 비유로써 말씀드리겠습니다. 제 대답이 옳은지, 옳지 않은지 지적해 주십시오.

나이 많은 한 직조공이 죽었다고 가정합시다. 선생님의 논리에 따르면 이렇게 말할 것입니다. '그 노인은 죽은 것이 아니고, 어디엔가 편안히 가 있을 것이다'라고. 그리고 그 증거로 그가 짜서 만들어 입었던 옷이 없어지지 않고 그대로 남아 있는 것을 들 것입니다. 이 말에 의심을 품는 사람이 있다면, 사람의 수명이 더 긴가 그렇지 않으면 그 사람이 입었던 옷의 수명이 더 긴가 하고 질문할 수 있을 것입니다. 이 질문에 대하여 사람의 수명이 더 오래 간다는 답변을 듣게 된다면, 사람보다 수명이 더 짧은 것도 남아 있으므로, 그보다 수명이 더 긴 사람은 결과적으로 안전하게 존재한다는 것이 분명히 입증되었다고 생각할 것입니다. 그렇지만 심미아스, 나는 이것이 옳지 않다고 생각하네. 내가 말하는 것을 곰곰이 생각해 보게. 누구나 나와 같은 논법論法은 어리석기 짝이 없다고 할 것입니다. 왜냐하면 그 직조공은 많은 옷을 지어서 입기도 하고 버리기도 하였을 것이며, 제일 나중에 지은 옷이 낡아 떨어지기 전에 그가 죽었을 경우 그 옷이 사람보다 분명히 오래 갈 것입니다만, 그렇다고 사람의 수명이 옷보다 짧다거나 약하다는 것은 아닙니다. 영혼과 육체의 관계에도 이와 같은 유추를 적용해도 좋으리라고 생각합니다. 그러므로 영혼은 오래 지속되는 것인 반면, 육체는 상대적으로 약하며 수명이 짧다고 말할 수 있겠지요. 따라서 영혼마다 수많은 육체라는 옷을 입었다가 버리곤 한다고도 할 수 있을 것입니다. 특히 영혼이 오래 사는 경우에 그럴 수 있겠지요. 즉 사람이 생존해 있는 동안 육체가 소모되기도 하지만, 영혼은 언제나 새로운 옷을 짜 입으면서 소모된 것을 보충해 가는 것이 아니겠어요?

그렇지만 영혼이 소멸되는 날 그 영혼은 마지막 옷을 입게 될 것이며, 그 옷은 영혼보다 오래 남아 있겠지요. 그리고 이와 같은 영혼이 사멸하게 되면, 육체도 곧 그 연약한 본성을 드러내고 즉시 썩어 없어질 것입니다. 그러므로 이 점을 받아들인다면 죽은 후에도 우리의 영혼이 계속해서 존재한다는 논리에 아무런 타당성도 없게 되겠지요. 영혼은 우리가 태어나기 이전에도 존재했으며, 어떤 사람의 영혼은 죽은 후에도 계속하여 존재하면서 수없이 태어났다 죽었다 한다는 것과, 영혼은 그처럼 여러 번 태어났다 죽었다 하는 힘이 있다는 것을 선생님께서 주장하신 이상으로 인정한다 하더라도, 영혼은 결국 이처럼 재생再生하는 일에 지쳐서 언젠가는 육체의 죽음과 함께 완전히 사라져 없어지는 것이 아닌가 하는 생각이 듭니다.

이처럼 영혼의 파멸을 불러오는 육체의 죽음과 분해에 대해서는 아무도 모릅니다. 우리들 가운데 어느 누구도 그것을 알아차릴 수 있는 능력이 없으니까요.

 이치가 이렇고 보면 죽음을 당하여 마음이 든든해지고 그
것을 두려워하지 않는다는 것은 어리석은 일일 것입니다. 영
혼이 완전히 죽지 않고 또한 결코 소멸되는 것이 아니라는 것
이 분명히 입증된다면 이야기가 다르지만 말입니다. 그러므
로 영혼의 불사不死를 증명할 수 없다고 한다면, 죽으려고 하
는 사람이 육체의 분해나 이탈과 함께 영혼 역시 완전히 사멸
해 버릴지도 모른다고 두려워하는 것은 당연한 일이 아니겠
어요?"

 나중에 서로 주고받은 말입니다마는, 이 두 사람의 반론을
들은 우리는 모두 몹시 우울해졌습니다. 왜냐하면 그때까지
확신하고 있던 논리가 뒤흔들리게 되었을 뿐만 아니라, 앞으
로 전개될 논의에 대해서도 혼란을 느끼지 않을 수 없었으니
까요. 그리하여 우리는 우리가 아무것도 판단할 수 없든지,
그렇지 않으면 그 문제 전체에 믿을 만한 근거가 전혀 없든
지, 이 둘 중 하나의 결과밖에 생각할 수 없습니다.

 에케크라테스 파이돈, 그 점에 대하여는 나도 전적으로 동
        감입니다. 그런 이야기를 듣고 보니 나 또한 그 같은

의문에 부딪치게 되는군요.

'그렇다면 대체 우리는 어떤 이론을 신뢰할 수 있단 말인가? 소크라테스의 말씀이 그처럼 옳게 생각되었는데, 이제 또다시 믿을 수 없는 것이 되어 버렸으니.'

영혼이란 일종의 조화調和라는 논리는 언제나 유별나게 내 마음을 사로잡았었는데, 이제 그들이 주고받은 이야기를 듣고 나니 지난날 나 자신도 그와 같은 생각을 지니고 있었던 것이 떠오르는군요. 아무래도 우리는 다시 처음으로 되돌아가, 사람이 죽은 후에도 영혼만은 살아 남는다는 사실을 확인시켜 주는 또 다른 증거를 찾아내야 하겠습니다.

소크라테스는 어떤 실마리를 잡아 이 논의를 진전시켜 나가셨는지 들려주셨으면 감사하겠습니다. 그분께서도 당신들과 마찬가지로 당황한 표정을 드러내시지는 않았는지요? 아니면 당신의 지론持論을 조용히 변명하셨던가요? 그리고 그 변명은 충분히 납득할 수 있는 것이었습니까? 그때의 일들을 될 수 있는 대로 정확히 들려주셨으면 합니다.

파이돈 에케크라테스, 정말 나는 여러 번 소크라테스에 대

하여 놀라움을 금치 못하였습니다만, 이때처럼 놀랍
게 생각해 본 일은 없었습니다. 그분께서 답변을 할
수 있다는 것은 당연한 일이겠지요. 그런데 무엇보다
도 인상깊었던 것은, 그가 두 젊은이의 반론을 받아
들일 때의 그 부드럽고 쾌활하며 열의 있는 태도였습
니다. 그리고 다음으론 그 반론에 끼친 영향을 곧 알
아차리고, 마치 패잔병들을 모아 정돈시키는 장군처
럼 우리로 하여금 그의 토론의 광장으로 뛰어들게 하
는 것이었습니다. 그와 같은 그의 솜씨에는 놀라지
않을 수 없었습니다.

에케크라테스 그리하여 어떻게 되었습니까?

파이돈 네, 말씀드리지요.

마침 그때 나는 그의 침대 오른편에 있는 조그마한 발판 위
에 걸터앉아 있었고 그분은 침대에 앉아 있었으므로 그분은
나보다 훨씬 높았습니다. 그분은─결코 장난할 기회를 놓치
지 않고─내 머리 위에 손을 얹고는 머리를 쓰다듬으며 이렇
게 말씀하셨습니다.

"파이돈, 내일 자네는 아무래도 이 아름다운 머리털을 자를

것 같군 그래(머리털을 자르는 것은 슬픔의 표시. 내일이면 소크라테스가 죽을 테니까)."

"아마도 그럴 겁니다"라고 나는 대답하였습니다.

"그러나 자네가 내 말을 듣고 나면 그러지 않을 걸세."

"무슨 말씀이십니까?" 하고 나는 물었습니다.

"만일 우리의 주장이 죽어 버리고 그것을 되살릴 수 없다면, 내일이 아니라 오늘 자네나 나나 모두 머리털을 잘라야 할 걸세. 또 내가 만일 자네라면, 그리고 나에게서 논리를 빼앗아 갔다고 한다면 아르고스(펠로폰네소스 북동부 지방. 그 주민은 고래로 장발하는 풍습을 지니고 있었으나, 기원전 550년 스파르타와의 싸움에서 키레아란 도읍을 빼앗긴 뒤, 머리를 자르고 그 도읍을 탈환할 때까지 다시 기르지 않기로 맹세하였다고 함) 사람들처럼 심미아스와 케베스와의 논전論戰에서 그들의 주장을 깨뜨릴 때까지 절대로 머리를 기르지 않기로 맹세할 걸세."

"그러나 헤라클레스도 한꺼번에 두 사람을 상대하여 이기지는 못했다(제우스의 사생자私生子인 헤라클레스가 다두多頭의 뱀과 싸우고 있을 때, 그를 미워한 제우스의 아내 헤라가 큰 게로 변해 뱀과 함께 그를 공격함)고 하지 않습니까?"

"그렇다면 해가 지기 전에 나를 자네의 이올라오스(헤라클레스의 조카로써 자주 헤라클레스를 도움)를 청하여 도와 달라고 당부하는 것이 좋을 듯싶군."

"좋습니다. 하지만 저는 헤라클레스가 아니라 이올라오스로서 헤라클레스를 청하듯 선생님을 모시기로 하겠습니다."

"어차피 마찬가지네. 무엇보다 먼저 위험한 일에 대하여 조심해야 하네."

"위험이라니요? 어떤 위험입니까?"

"그것은 토론을 싫어하는 자가 되는 것을 뜻하네. 염세적 인간이 된다는 의미에서 토론을 싫어하는 것은 인간의 가장 나쁜 병폐일세. 토론을 싫어하는 증상이나 염세적 증상은 모두 똑같은 원인에서 생기는 것이네. 그 원인이란 다름이 아니라 세상의 이치를 모르기 때문일세. 염세적 증상은 어떤 사람에 대한 무비판적 믿음에서 유발되는 것이지. 즉 어떤 사람이 전적으로 믿을 만하다고 생각하였다가, 얼마 후 그 사람이 옳지 못한 사람이며 믿을 만한 사람이 아니라는 것을 알게 되었다고 가정해 보세. 이런 일을 여러 번 당하고 나면, 그것도 특히 가장 가깝고 가장 믿고 있던 친구들에게서 당하게 되면 그들과 수없이 다투게 되고, 그리하여 나중에는 모든 사람을 미워하고 싫어하며, 따라서 세상에는 올바른 사람이 하나도 없

는 것처럼 생각하게 되지 않겠나? 자네는 이런 경험을 해본
일이 없는가?"

"물론 있습니다."

"그것은 부끄러운 일이라고 생각지 않는가? 그리고 그런 사
람은 인간성에 대한 어떤 이해도 없이 인간 관계를 맺으려 한
다는 것이 분명하지 않은가? 인간성에 대하여 제대로 알고
있다면, 그는 선한 사람과 악한 사람은 극소수이고 대부분의
사람들은 그 중간적인 존재임을 알아야 할 걸세."

"무슨 말씀이신지요?"

"유난히 큰 물체나 유난히 작은 물체에서 유추하여 보세. 특
별히 큰 사람이나 유난히 작은 사람, 또는 특별히 큰 개나 유
난히 작은 개, 이 밖의 어떤 것이든 특별히 큰 것과 유난히 작
은 것은 극히 드문 것이 아닌가? 이것은 일반적으로 모든 극단
에 적용될 것이네. 다시 말하면 매우 신속한 것과 매우 느린
것, 아름다운 것과 추한 것, 검은 것과 흰 것 등등. 이처럼 모든
것에 있어서 극단은 희귀한데 비해 그 중간적인 것은 대단히
많은 법이네. 자넨 이와 같은 것에 대하여 관찰해 본 일이 한
번도 없었나?"

"물론 있었습니다."

"그렇다면 사악함끼리의 경쟁을 가정해 보세. 그 속에서도 두드러지는 사악함은 극소수가 아니겠는가?"

"그럴 것입니다."

"그렇고말고. 그렇지만 토론의 경우는 사람의 경우와 다른 법이네. 자네 말에 이끌리어 이렇게 잠시 지엽으로 흘렀네만, 토론에 익숙하지 못한 어떤 사람이 어떤 주장을 옳다고 믿어 왔다가, 얼마 안 되어 그 주장이 사실상 옳건 그르건 그것이 거짓이라고 판단하게 된다면, 그리고 이와 같은 일이 거듭된다면 그 사람은 드디어 어떤 토론에도 신뢰감을 갖지 않게 될 것이네. 특히 토론으로 많은 시간을 보내는 사람들은 그들 자신이야말로 세상에서 가장 현명한 사람이라고 자처하게 된다네. 왜냐하면 그들은 실제적인 문제에 있어서나 이론적인 문제에 있어서나 흔들림 없고 믿을 만한 것은 아무것도 없으며, 마치 모든 것은 좁은 해협의 물결처럼 요동치며 잠시도 그대로 있지 않는 것을 자기 자신만이 알고 있다고 생각하기 때문이네."

"옳은 말씀입니다."

"파이돈, 그렇지만 진실하고 확실하며 이해할 수 있는 논리가 분명히 있는데도 불구하고, 지난날 때로는 옳게 생각되고 때로는 옳지 않게 생각되던 토론을 수없이 보아 왔다고 해서, 자기 자신의 능력의 부족함을 깨닫지 못하고 오히려 그 허물을 토론 자체로 돌려, 드디어는 평생토록 토론이란 토론은 모조리 증오하면서 사물에 대한 진실을 깨달을 수 있는 기회를 놓치고 이와 동떨어져 살아간다는 것은 얼마나 슬픈 일인가."

"옳은 말씀입니다. 사실 무엇보다도 슬픈 일이죠."

"자, 그러면 먼저 우리가 해야 할 일은, 어떤 토론에 있어서든 토론에 신빙성信憑性이나 확실성이 없을지도 모른다는 생각이 우리 마음속에 들어오지 못하도록 막는 일이네. 오히려 우리 자신이 아직 지적으로 허약한 존재임을 인정하고, 확고한 판단력을 기르는 데 최선을 다해야 할 걸세. 자네를 비롯하여 그 밖의 다른 모든 사람들은 앞으로의 남은 전全생애를 위하여, 그리고 나는 눈앞에 다가온 죽음에 대비하여. 왜냐하면 지금 이 순간 나는 철학자로서가 아닌, 반독단적인 태도로 이 문제를 다룰 위험 속에 있으니까 말일세. 논쟁에서, 참된 교육을 받지 못한 사람들은 흔히 상황을 고려하지 않고 무조건 청중들이 자신의 견해를 받아들일 것인가만을 염려한다는 것을 자네도 잘 알겠지? 지금 이 순간의 나는 그들과 마찬가지의 심정이네. 다른 점이 있다면, 내가 염려하는 것은 청중들이 아닌 바로 나 자신이라는 것이네. 즉 나 자신을 납득시킬 최상의 가능성을 도출해 내는 것 말일세. 친애하는 벗들이여, 내가 얼마나 이기적인가!

나의 논리가 참으로 진실이라면 그렇게 믿는 것이 옳을 것이네. 설령 죽음이 곧 소멸이라 할지라도, 죽기 직전의 이 짧은 동안 슬픈 표정으로 벗들을 우울하게 만들고 싶은 생각은 전혀 없네. 나의 무지는 좋은 것이 못 된다 할지라도 나의 죽음과 함께 죽어 없어질 것이므로, 아무런 해도 끼치지 않으리라고 믿어 의심치 않네. 심미아스와 케베스, 나는 이러한 심정으로 우리의 문제를 다루려 하네. 바라건대, 나를 생각지말고 진리를 생각해 주게나. 내가 말하고 있는 것들이 진리라고 생각한다면 나의 견해에 동의하여 주게. 그리고 그렇지 않다면 자네들의 모든 논리로써 나의 견해에 반대하게. 그리하여 나 자신이나 자네들을 속이는 일이 없도록 해주게. 세상을 떠나는 이 마당에 마치 벌(蜂)처럼, 자네들에게 침(針)을 남겨놓고 가고 싶은 생각은 추호도 없네.

자, 그러면 이제 토의를 계속하기로 하세. 먼저 자네들이 한 말을 내가 부정확하게 기억하고 있다면 지적해 주게나. 나의 기억이 틀리지 않는다면, 영혼이 육체보다 더 아름답고 더 신적神的인 것이라 하더라도 일종의 화음和音과 같은 것으로서 육체보다 먼저 사멸하는 것이 아닌가 하는 생각으로 심미아스는 두려워하고 있는 줄 아네.

반면에, 케베스는 영혼이 육체보다 더 지속적이라는 데엔 동의하지만, 많은 육체라는 옷을 되풀이하여 갈아입던 영혼이 그 자신도 사멸하게 될 때 마지막 육체를 영혼 뒤에 남길 수도 있지 않겠느냐는 질문을 하였네. 그리하여 이것이 다름 아닌 죽음이며, 육체 속에서는 쉴새없이 소멸하는 일이 일어나고 있으므로, 죽음이란 육체의 소멸이 아니라 영혼의 소멸이 아니냐고 말하지 않았나? 심미아스와 케베스, 우리가 생각해야 할 문제점들은 바로 이것이 아니겠나?"

두 사람 다 이 말에 동의하였습니다.

"그렇다면 자네들은 우리가 앞서 도달했던 논리들을 모조리 부인하는가? 그렇지 않으면 그 중 일부분만을 부인하는가?"

"일부분만을 부인합니다."

"그렇다면 지식이란 상기想起이며, 따라서 우리의 영혼은 육체 속에 갇히기 전 어디엔가에 존재하고 있었음에 틀림없다고 했던 대목에 대하여는 어떻게 생각하는가?"

케베스가 말하였습니다.

"저로서는…… 거기에 대해서는 커다란 감명을 받았습니다. 지금도 그 점에 대해서는 굳게 믿어 의심치 않습니다."

"저도 마찬가지입니다."

심미아스가 말을 이었습니다.

"그에 대한 생각에 변화가 왔다면 오히려 깜짝 놀랐을 것입니다."

그러자 소크라테스는 말씀하셨습니다.

"자네들이 아직도 화음和音이나 조화調和가 합성合成된 것이며 영혼 또한 여러 가지 육체적 요소들이 합성된 일종의 조화라는 생각을 지니고 있다면, 그런 생각은 고치지 않으면 안될 것이네. 합성된 조화가 그것을 구성하고 있는 기본 요소들보다 먼저 존재한다는 주장은, 자네 자신이 말하였다 하더라도 인정할 수 없네. 자네라면 그런 주장을 인정하겠는가?

"절대로 인정하지 않습니다."

"하지만 자네가, 영혼은 인간이 육체라는 형상을 갖추기 이전에 이미 존재하였으며, 또한 아직 존재하지도 않는 요소들로 구성된다고 말한 것은 결국 그렇게 말한 것이 되지 않겠나? 그러므로 조화라는 것은 자네가 비유한 것처럼 영혼과 비슷한 것이 분명 아닌 것이네. 먼저 악기와 그 악기의 줄과 부조화한 여러 가지 소리가 있고 난 다음에야 조화된 화음이 울려 나올 것이며, 또 제일 먼저 사라지는 것이 아니겠나? 그러니 영혼을 조화로 보는 견해와 앞에서 우리가 말한 견해가 어떻게 서로 같을 수 있겠는가?"

"전혀 같지 않습니다" 하고 심미아스가 말하였습니다.

"그런데 조화에 대한 해석에도 조화는 있어야 할 것이네."

"물론 있어야지요" 하고 심미아스가 대답하였습니다.

"그렇다면 지식은 일종의 상기想起라는 견해와, 영혼은 조화調和라는 견해 중 자네는 어느 것을 택하려는가?"

"저는 주저하지 않고 앞의 논리를 택하겠습니다. 그것은 이미 충분히 증명되었으니까요. 후자의 견해는 많은 사람들이 믿고 있습니다만, 그것은 그럴 듯하면서도 확실치 못한 근거에서 비롯된 것이기 때문에 분명히 밝혀진 견해라고는 볼 수 없습니다. 그러므로 이처럼 그럴 듯한 추측에서 비롯된 주장은 참된 것이 못 되며, 따라서 그것을 다룰 때 세심한 주의를 기울이지 않으면, 기하학이나 그 밖의 모든 일에 있어서 우리를 기만하기 쉽다는 것을 저는 이미 많이 경험했습니다.

그렇지만 상기와 인식에 관한 주장은 믿을 만한 근거로부터 도출되었다고 저는 생각합니다. 그것은 바로 다름아니라, 영혼은 그 이름 자체에 '참으로 존재한다'는 의미를 내포하고 있는 본질과 마찬가지로 육체 속에 들어가기 이전에 존재하였다는 것이 아니겠어요? 이런 충분한 근거에 의하여 이와 같은 결론을 받아들였으므로, 저는 영혼이 하나의 조화調和라는 주장을, 저 자신이나 또는 남에게 내세워서는 안 된다는 것을 깨닫게 되었습니다."

　"그렇다면 심미아스, 조화나 그 밖의 어떤 합성들이 그 구성 요소의 상태와 또 상태로 존재할 수 있다고 생각하는가?"

　"물론 존재할 수 없습니다."

　"그렇다면 그것은 구성 요소들이 작용하거나 동화同化되는 것 이외에 달리 작용을 하거나 동화될 수는 없는 것이 아니겠나?"

　심미아스는 이에 동의하였습니다.

　"그러면 조화調和란, 말하자면 조화를 이루고 있는 요소들을 이끄는 것이 아니고 오직 그것들의 이끎에 따르는 것이라 해야겠지?"

　심미아스는 이에 대하여도 동의하였습니다.

"따라서 조화는 그 부분에 반대되는 움직임이나, 소리나, 그 밖의 다른 성질을 전혀 지닐 수 없는 것이네."

"그렇습니다."

"그렇다면 모든 조화의 본성은, 그 구성 요소들이 어떻게 조화되는가에 달려 있는 것이 아닐까?"

"전 이해가 되지 않습니다."

"나는 조화의 정도에는 여러 가지가 있다는 것을 말하려 하는 것일세. 즉 보다 잘 어울려야만 참된 조화요 완전한 조화를 이루는 것이며, 보다 덜 어울릴 때에는 참된 조화에 미치지 못하며 완전한 조화를 이룰 수 없다는 것일세."

"아닌게아니라 그렇기는 합니다."

"그런데 영혼에도 종류가 있다고 생각하나? 어떤 영혼이 다른 영혼보다 더 영혼답다거나 또는 보다 영혼답지 못하다거나. 즉 보다 완전한 영혼이라거나 불완전한 영혼이라고 할 수 있겠는가?"

"결코 그럴 수는 없습니다."

"그렇지만 두 영혼을 놓고 볼 때, 지성과 덕을 갖추고 있는 영혼은 선하며, 우매함과 포악성을 지닌 영혼은 사악하다고 말할 수는 있지 않겠는가? 이에 대하여는 어떻게 생각하는가?"

"이치에 맞는 말씀입니다."

"그렇다면 영혼을 조화라고 주장하는 사람들은 영혼 속에 깃들여 있는 선과 악에 관하여 어떻게 설명할까? 여기에 또 하나의 조화가 있고 또 다른 부조화가 있으며, 선한 영혼은 그 자체가 조화되어 있을 뿐만 아니라 다른 조화를 내포하는 데 비해, 악한 영혼은 부조화한 것으로서 또 다른 조화를 내포하고 있지 않다고 할 것인가?"

"저는 잘 모르겠습니다" 하고 심미아스가 말을 이었습니다. "그러나 영혼을 가리켜 조화라고 하는 사람들은 그렇게 말할 것 같군요."

"하지만 우리는 한 영혼이 다른 영혼보다 더하거나 덜한 것이 없는 점에 대해서 이미 합의를 보지 않았나. 이것은 곧 하나의 조화가 다른 조화보다 조화의 정도에 더하고 덜함이 없다는 것을 의미하는 것이 아니겠나?"

"그렇습니다."

"그런데 말이네, 잘 어울리는 것도 덜 어울리는 것도 아니라는 것을 곧 조화의 정도에서 더함도 덜함도 없다는 뜻이 아닐까?"

"그렇습니다."

"그리고 조화의 정도에 더하고 덜함이 없다는 것은, 조화의 비율이 크거나 작은 것을 의미하는 것이라고 생각하나, 아니면 똑같은 비율을 의미하는 것이라고 생각하나?"

"똑같은 것이라고 생각합니다."

"어떤 영혼이든 영혼이라는 점에서는 더함이나 덜함이 없이 똑같으므로 한 영혼이 조화되어 있는 점에서도 더하거나 덜함이 없지 않겠나?"

"그야 물론이지요."

"이러한 전제하에서 보다 큰 비율의 조화라든지, 부조화를 내포한다는 것은 있을 수 없는 일이 아닐까?"

"분명히 없습니다."

"역시 위와 같은 전제하에서 악을 부조화에, 선을 조화에 비유할 때, 어떤 한 영혼이 다른 한 영혼보다 더 큰 정도의 선이라든지 악을 내포할 수 있다고 보는가?"

"그럴 수 없다고 생각합니다."

"그렇다면 좀더 정확하게 말해 보게, 심미아스. 우리가 영혼을 일종의 조화라고 말한다면, 영혼은 어떠한 악덕도 지니지 않은 걸세. 왜냐하면 조화라는 것은 완전한 것이기 때문에 부조화된 것은 결코 지닐 수 없을 테니까 말이야."

"물론 그렇습니다."

"그러므로 어떤 영혼이든 온전한 영혼이라면 분명히 악덕은 조금도 지니고 있지 않을 걸세."

"지금까지 우리가 말해 온 것에 비추어 보더라도 영혼이 어떻게 악덕을 지닐 수 있겠습니까?"

"모든 영혼들이 그 본성에 있어서는 어느 하나도 다르지 않은 똑같은 영혼이라는 논리에 따라, 결국 모든 생물의 영혼은 똑같은 정도로 선하다고 할 수 있겠네그려."

"그렇다고 생각합니다."

"그렇다면 영혼은 일종의 조화라는 가정에서 얻어지는 필연적인 귀결 또한 자네는 옳다고 본단 말인가?"

"아닙니다. 옳지 않습니다."

"그렇다면 자네는 우리 인간 속에서 영혼 이외의 다른 어떤 것이 우리의 모든 것을 지배한다고 생각하는가? 특히 현명한 영혼에겐 보통 영혼보다 무엇인가 다르다고 간주할 수 있단 말인가?"

"저는 영혼 이외의 다른 어떤 것도 지배자가 될 수는 없다고 생각합니다."

"그런데 영혼은 육체의 느낌에 보조를 같이할까? 아니면 그에 반대할까? 예컨대 춥고 목마를 때, 영혼은 우리로 하여금 물을 마시지 못하도록 가로막는 경우는 없는지, 또 배가 고플 때 음식을 먹지 못하게 하는 일은 없는지 하는 말이네. 이 밖에도 영혼이 육체의 욕구에 반대하는 경우가 수없이 많은 줄 아네."

"그건 사실입니다."

"그런데 우리는 조금 전에 영혼이 조화라면, 그것을 구성하고 있는 요소들이 팽팽하게 매어져 있거나, 반대로 느슨하게 늘어져 있거나, 즉 어떠한 상태이거나 관계없이 영혼은 결코 그 구성 요소에 상반되는 음색을 내는 일은 없을 것이라는 점에 동의하지 않았던가?"

"물론 동의했습니다."

"그러나 방금 우리들은, 분명 영혼이 이와 정반대로 행하고 있음을 발견할 수 있었네. 즉 평생 동안 거의 모든 면에서 그 구성 요소에 반대하여, 때로는 육체적 시련이나 의술 같은 불유쾌하고 혹심한 방법으로, 때로는 부드러운 꾸짖음이나 욕망과 정욕, 공포 등을 달래 주고 격려해 주는 부드러운 방법으로 육체를 지배하고 있음을 보지 않았나? 마치 〈오딧세이

아〉에서 호메로스가 오딧세우스에 대하여 다음과 같이 이야
기를 시키듯 말일세.

가슴을 치며 그는 자기 마음을 꾸짖었다.
'참고 견디어라, 내 마음이여! 이보다 더 심한 것도 견디지 않았
느냐!'

자네는 이 시를 지을 때에 호메로스가 영혼을 일종의 조화
요, 육체의 여러 가지 느낌들에 의해 좌우되는 것으로 보았다
고 생각하는가? 그는 오히려 그것이 육체적 느낌들을 조절하
고 지배하는, 조화와는 비교도 할 수 없는 신성한 것으로 간
주하였음이 분명하네."

"오, 소크라테스, 저도 그렇게 생각합니다."

"그러니 벗이여! 영혼이 일종의 조화라는 이론에는 아무런
합리성도 없게 되네. 그건 우리 자신뿐만 아니라 저 호메로스
의 말과도 어긋나는 것이네."

"옳은 말씀입니다."

"그렇다면 이제 테바이의 왕비 하르모니아(테바이의 건설자
카드모스의 아내. 조화란 말과 동음同音이므로 조화를 대신하여 쓰고 있

108

음)에 대해서는 이쯤에서 끝내기로 하세. 그렇지만 케베스, 카드모스에겐 어떻게 말해야 하지? 어떤 논리로 그를 진정시킬 수 있겠나?"

"선생님께서야 어떻게든 그를 달래실 수 있겠지요."

케베스가 말을 이었습니다.

"앞서 조화 이론을 쳐부순 선생님의 논리는 저의 예상을 훨씬 뛰어넘는 것이었습니다. 사실 심미아스가 그의 의문을 제기하였을 때, 저는 아무도 그의 주장을 뒤엎을 수 없으리라고 생각하였습니다. 그런데 그것이 선생님의 첫 반격에 고스란히 꺾이는 것을 보고, 저는 이만저만 놀란 게 아닙니다. 그러니 카드모스의 견해도 역시 같은 운명에 놓이게 될 것은 두말 할 여지도 없을 겁니다."

"오, 케베스, 그렇게 야단스럽게 추켜세울 건 못 되네. 어떤 귀신이 이제부터 우리가 전개하려는 일을 뒤엎을지도 모르지 않나. 하지만 그런 염려는 신에게 맡기기로 하고, 우리는 호메로스처럼 문제에 바짝 접근해서 자네의 주장이 타당한지의 여부를 시험해 보기로 하세.

자네의 주장은 간단히 말해 이런 것이지. 영혼이 불멸하고 불사하는 것임은 입증되어야만 하는데, 죽음의 순간을 맞이

한 철학자가 그 사후死後에 그가 지금까지 살아온 삶보다 더 좋아지며, 다른 어느 누구보다도 그의 삶을 철학적으로 마친다는 믿음을 확신하지 못한다면, 그 믿음은 어리석고 맹목적인 것으로 간주한다는 말이 아닌가. 그리고 영혼이 강한 생명력과 신성을 지닌 것이요, 우리가 태어나기 이전에 이미 존재했었음이 입증되었다 하더라도 영혼이 반드시 불사不死라고 단언할 수는 없다는 말이지. 영혼은 오랫동안 존속存續하여 오면서 많은 일들을 보아 왔고 또 행해 왔다고 하더라도 불사하는 것은 아니며, 오히려 인간의 육체 속에 들어간 영혼은 마치 병균처럼 그 영혼의 몰락의 시초가 되며, 평생토록 근심 걱정 속에 살아가다가 마침내는 죽음으로 종지부를 찍게 된단 말이지. 그리고 영혼이 육체 속으로 한 번 들어가든 또는 여러 번 들어가든, 죽음에 대한 우리들의 공포에는 아무런 변화도 줄 수 없단 말이지. 누구든 바보가 아니라면, 영혼의 불사를 입증할 수 없는 한 죽음에 공포를 갖는 것은 당연한 일이니까. 이것은 자네의 주장이라고 보는데 어떤가, 케베스? 내가 이같이 거듭 말하는 것은 문제를 보다 철저하게 다루기 위해서이네. 혹시 자네가 보충하고 싶은 것이 있다면 보충하고, 빼야 할 것이 있다면 빼도록 하게."

"지금 저로서는 보태고 뺄 것이 아무것도 없습니다. 제가 생각하고 있던 것을 너무도 정확하게 말씀해 주셨습니다."

소크라테스는 한동안 깊은 생각에 잠겨 있다가 이윽고 말씀하셨습니다.

"오, 케베스, 자네의 주장은 매우 중대한 문제를 제기하고 있네. 자네의 말에는 생성生成과 소멸의 원인에 관한 포괄적인 문제가 내포되어 있네. 자네가 원한다면, 나 자신의 경험을 들려주겠네. 그 가운데 자신의 문제에 대하여 도움이 될 듯싶은 것이 있거든 이용해 주기를 바라네."

"부탁드립니다" 하고 케베스가 말하였습니다.

"그렇다면 잘 들어 보게. 케베스, 젊은 시절 나는 소위 자연철학 분야에 특별한 정열을 쏟았었네. 즉 모든 사물들이 어떻게 생성되었으며 어떻게 존재하다가 어떻게 소멸되는지를 안다는 것은, 아주 놀랍고 훌륭한 일로 생각했었네. 그리하여 다음과 같은 문제를 생각할 때면 언제나 엎치락뒤치락하지 않을 수 없었네.

즉 생물이 발생하는 것은, 어떤 이들(아낙사고라스, 아낙시만드로스 등을 지칭함)이 말하듯이, 온기와 냉기에 의해 발효된 결과일까? 그리고 우리의 사고력思考力은 혈액에 의한 것일까?

아니면 공기에 의한 것일까, 또는 불에 의한 것일까?(혈액 근원설은 엠페도클레스가, 공기 근원설은 아낙시메네스가, 불 근원설은 헤라클레이토스가 각각 주장함) 혹은 그런 것이 아니고, 뇌수腦髓가 조종하는 시각, 청각, 후각 같은 감각 기관으로부터 기억과 판단력이 생기고, 또 이 기억과 판단력이 고정될 때 그곳에서 인식이 생기는 것이 아닐까?

그리하여 나는 이와 같은 것의 소멸에 관하여 관찰하고, 나아가 천지 사이에서 일어나는 모든 현상들을 고찰하였네. 나 자신이 이러한 연구에 어울리지 않는 사람이라는 결론에 이를 때까지 말일세. 그 증거를 자네에게 제시해 볼까? 이런 연구에 열중한 결과, 내 눈은 흐려지고, 그때까지 나 자신이 분명히 알고 있다고 생각되던 것까지 전혀 알 수 없게 되었네. 특히 인간의 성장 요인이 무엇인가는 전혀 알 수 없었네. 그때까지 사람이 성장하는 까닭은 먹고 마시기 때문이라고 나는 생각하였네. 즉 음식물을 소화시키면 몸에는 살이 붙고, 뼈는 굵어지며, 신체의 다른 부분들에도 각각 물질이 더해져서 작은 몸이 커지고 작은 사람이 자란다고 말일세. 그때 나는 이와 같은 사실을 지극히 당연한 일로 생각하였던 것이네. 자네는 이런 나의 견해가 당연한 것 같지 않은가?"

"저도 어느 정도 그렇게 생각합니다" 하고 케베스가 말하였습니다.

"그러면 이제 논의를 좀더 진전시켜 보기로 하세. 키 작은 사람 곁에 서 있는 키 큰 사람을 보았을 때, 나는 나 자신 큰 것과 작은 것에 대해 분명히 알고 있다고 생각했네. 말[馬]의 경우를 보아도 마찬가지였네. 그리고 10이 8보다 크며 2피트는 1피트보다 길다는 것은 더욱 분명하다고 생각했네. 8에 2를 더해야 10이 되며 1피트에 1피트를 더해야 2피트가 되니까."

"거기에 대하여 지금은 어떻게 생각하시나요?" 하고 케베스가 물었습니다.

"맹세코, 그런 것의 어느 하나에 대해서도 내가 그 원인을 안다고는 생각할 수 없네. 이제 나는 하나에 하나를 더했을 때 본래의 하나가 둘이 되었다고 볼 수도 없으며, 또 더해지는 다른 하나가 둘이 되었다고도 볼 수 없게 되었네. 따로따로 있을 때에는 각기 하나인데 그것들을 함께 모아서 둘이 되었다는 것을 나는 인정할 수 없네. 왜냐하면 제각기 따로 분리되어 있었을 때에 그것들은 각각 하나였지, 둘이 아니었기 때문이네. 그런데 이제 그 둘을 서로 한데 모으는 것이 둘이 되는 원인이라고 한다면 하나를 둘로 분할하여 둘이 되었을 경우, 분할 자체 또한 둘이 되는 원인이라 할 수 있지 않겠나? 그러므로 나는 이제 대체 어찌하여 그 하나가 생겼는지, 그리고 그것은 어찌하여 없어지는지, 또한 어찌하여 존재하는지 전혀 알 수 없게 되었네. 그와 같은 방법으로써는 도저히 혼돈에서 벗어날 수 없다고 결론지은 나는, 새로운 방법을 모색하기로 했네. 종전의 방법은 전혀 쓸모가 없으니까 말일세.

언젠가 나는 어떤 사람이 아낙사고라스가 쓴 책의 한 구절을 읽고 있는 것을 들은 일이 있네. 그 속에는 정신이 만물의 질서를 유지하는 것이며, 또한 만물의 근원이라고 하는 말이 있었네. 나는 그 해석에 커다란 기쁨을 느꼈네. 정신이 만물의 근원이라는 논리는 어떻든 올바른 사상일 것이라고 생각하였네. 그리고 그것이 진리라면, 정신은 모든 것을 질서 있게, 그리고 각각 가장 훌륭한 것으로 만들어 놓으리라고 생각하였네. 그러므로 누구든지 어떤 사물의 원인, 즉 왜 생겨나고 소멸되며 존재하는가를 알고자 하는 사람은 그 사물이 어떠한 상태로 존재하고 어떠한 영향을 받으며, 또한 어떻게 움직이는가를 추구하지 않으면 안 된다고 생각하였네. 이와 같이 추론推論해 나가면 결국 자기 자신과 다른 모든 것에 관하여 인간이 추구해야 할 것은 오직 완전한, 그리고 최고의 선善이라는 결론에 이르게 되네. 이 양자에 관한 인식은 동일하기 때문에 최선의 것을 알게 된다면 동시에 나쁜 것이 무엇인지도 알게 될 것이네.

그래서 나는 아낙사고라스에게서 내가 찾던 스승, 즉 만물의 근인根因을 알려 주는 스승을 찾았다고 생각하여 기뻐해 마지않았던 것이네. 나는 그가 먼저 대지大地가 평평한지 또는 둥근지에 관하여 설명해 주리라고 생각하였네. 그러고 나서 그것이 평평하다면 어찌하여 평평한지, 둥글다면 어찌하여 둥근지 그 원인과 필연성必然性에 대하여 밝혀 주리라고 기대하였네. 또한 최선의 본질이 무엇인지, 대지가 그와 같은 현상을 하고 있는 것은 어찌하여 우리에게 유리한지 밝혀 줄줄 알았네. 그리고 지구가 우주의 중심에 위치한다면, 그 위치가 어찌하여 가장 좋은 위치인지 설명해 줄줄 알았네. 그리고 그가 그 모든 것을 밝혀 준다면, 나는 그것으로 만족하고 다른 원인을 더 탐구하지 않겠다고 생각하였네. 그리하여 나는 태양과 달과 그 밖의 천체에 대하여도 그에게 물어 보려고 하였네. 그것들의 운행 속도라든지 그 회전 등 그에 관련된 여러 가지 현상, 즉 능동적이고 수동적인 상태라든지 또 그것들이 최선을 위하여 어떻게 존재하는가를 연구하려고 생각하였네. 나는 정신이 만물에 질서를 준다고 주장한 그가, 그것들이 존재하는 상태 그대로가 최상이라는 해석 이외의 다른 해석을 내세우리라고는 상상도 하지 않았네. 그리하여 나는 그가 그 모든 것의 분리된 개별적 상태에서의 보편적인 선善은 무엇인가를 완벽하고 명쾌하게 밝혀 주리라고 생각하였네. 이 커다란 희망을 누군가가 아무리 많은 돈을 내고 사겠다고 하더라도 나는 팔 생각이 추호도 없었네. 나는 최선과 최악에 대한 지식을 얻기 위하여 열심히 그리고 재빨리 읽어 내려갔네. 희망과 기대로 내 가슴은 얼마나 부풀었던가! 그러나 그것은 곧 사라져 버리고 말았네. 그는 정신이나 우주의 질서의 근원에 대해서는 전혀 언급하지 않고 공기, 에테르, 물 같은 여러 가지 모호한 것들을 근인으로서 제시하고 있었네. 그것은 마치 다음과 같이 설명하고 있는 것같이 생각되었네.

정신이 소크라테스의 모든 행동의 원인이라고 주장해 놓고는, 내가 여기 앉아 있는 까닭은 내 육체가 골격과 근육으로 구성되어 있기 때문이라고 설명하는 것이지. 즉 뼈는 단단하고 서로 연결되는 관절을 갖고 있으며, 신축성 있는 근육이

골격을 싸고 있어 근육의 수축收縮이나 이완弛緩으로 말미암아 뼈는 관절이 있는 부분에서 구부러지거나 펴진다. 그리하여 나는 여기에 비스듬히 앉아 있는 것이라고 말이네. 마찬가지로 내가 자네들과 대화하고 있는 데 대해서도 그는 소리라든지, 공기라든지, 청각, 그 밖의 무수한 것들을 그 원인이라고 제시하려 할 것이네. 아테네 사람들은 나에게 유죄 판결을 내리는 것이 가장 옳다고 생각하였으며, 나는 나대로 여기 머물러 처벌을 받는 것이 가장 옳다고 생각하였기 때문인데 말일세. 내가 만약 도망치는 것보다는 어떤 형벌이든 조국이 명하는 형벌에 복종하는 것이 옳고 명예로운 것이라고 생각지 않았다면, 내 근육과 뼈들은 벌써 메가라 근처나 보이오티아에가 있었을 것이네. 그러므로 그런 것들을 근인으로 제시하는 것은 너무나 불합리하네. 물론 근육이나 뼈, 또 그 외의 육체적 부분 없이는 내가 옳다고 생각하는 것을 할 수 없음도 사실이네. 그러나 행동이 전적으로 정신에 좌우됨에도 불구하고 지금 내가 하고 있는 행동이 근육이라든지 뼈에 의한 것이며, 정신이 최상의 선택을 통한 것이 아니라고 주장하는 것은 매우 부정확한 표현이네. 그것은 참 원인과 조건이 될 수 없는 상태를 분간하지 못함에 기인한 생각일 뿐인데.

내가 보기에 많은 사람들이 혼미混迷 속에서 헤매며, 전혀 원인이 될 수 없는 것에 원인이라는 엉뚱한 이름을 붙이고 있는 것 같네. 그리하여 어떤 사람들은 지구 주위를 돌고 있는 선풍으로 지구가 공중에 머무르게 되었다 하며, 또 어떤 사람은 지구는 마치 쟁반과 같아서 공기를 그 밑받침으로 하고 있다고 말하는 것이네(아낙시메네스와 아낙사고라스의 학설). 즉 그들은 지구와 그 주위의 모든 것들로 하여금 가장 좋은 위치에 머무르게 하는 힘을 찾으려 하지 않고, 또한 그 힘이 어떤 불가사의한 능력을 지니고 있다는 것도 믿으려 하지 않으며, 오히려 보다 강력하고 영원불사永遠不死이며 만물을 보다 더 잘 조종하는 아틀라스(하늘을 떠받치고 있다는 거대한 신)를 발견하리라 기대하고 있네. 모든 것을 결부시키고 유지하는 선善에 대하여는 추호도 생각하는 일이 없네. 그러한 근원의 작용에 대해서라면 누구에게라도 기꺼이 배우려 하였지만, 끝내 나는 나 자신 그런 근원을 찾지 못했으며, 또 어느 누구에게서도 배울 수 없었네. 자네가 원한다면, 케베스, 내가 어떻게 그 근원을 찾아 제 2의 항해를 나섰는지 들려주겠네."

"그것은 무엇보다도 듣고 싶은 얘기입니다."

"이렇듯 육체적 기관으로 진리를 찾는 데 지쳐 버린 후 나에게는, 일식日蝕을 관찰하고 연구하는 사람이 물 위에 비친 태양의 그림자만 관찰한다거나 다른 방법을 통해 간접적으로 관찰하지 않으면 그 시력을 상하게 되는 것 같은 위험에 대해 경계해야 하겠다는 생각이 일었네. 그리고 사물들을 눈으로 관찰하고 다른 감관感官에 의해 그것을 파악하려고 함으로써, 내 영혼이 완전히 눈멀게 되는 것은 아닐까 하는 두려움에 사로잡히지 않을 수 없었네. 그리하여 나는 하나의 가설을 정립하고, 그 가설을 수단으로 하여 사물의 진상을 발견하지 않으면 안 되겠다고 결정하게 된 것이네. 물론 이 비유가 합당하다고 할 수는 없을 걸세. 왜냐하면 가설에 의한 탐구는 사실 자체로서 한정되는 것 이상의 모호한 상징을 내포한다는 것을 나는 전혀 받아들이고 있지 않기 때문이네. 어쨌든 나는 이 방법을 택하였네. 어떤 경우이든 나는 먼저 가장 확실하고 타당하다고 생각되는 이론을 설정해 놓고, 원인이나 그 밖의 어떤 것에 관하여 그 이론에 일치하는 것은 진리요, 일치하지 않는 것은 진리가 아니라고 보았네. 아마도 자네가 아직 잘 이해하지 못한 듯하니 좀더 분명하게 설명해 주겠네."

"정말로 납득이 가지 않습니다" 하고 케베스가 말하였습니다.

"내가 말하려는 것은 조금도 새로운 것이 아닐세. 실로 나는 쉬지 않고 이것을 말해 왔으며, 특히 우리의 논의 전반부에서 중점적으로 말했네. 이제 자네에게 내가 애써 탐구해 온 근원에 대하여 설명함에 있어 자네도 잘 알고 있는 근원들, 즉 미美 자체, 선善 자체, 고결 자체 등의 존재로부터 다시 출발하려네. 만일 자네가 이것을 인정한다면, 그리고 이에 동의한다면, 그것으로써 그 원인을 설명할 수 있을 것이며, 또한 영혼의 불멸에 대하여도 입증할 수 있으리라고 생각하네."

"그러한 근원들의 존재를 인정합니다. 그러니 시간이 다 하기 전에 말씀해 주십시오" 하고 케베스가 말하였습니다.

"그러면 다음의 단계를 생각해 보고 내 견해에 동의할 수 있는지 말해 보게. 나는 미 자체가 아닌 다른 어떤 것이 아름답다면, 그 까닭은 그 아름다움 자체에 관계되었기 때문이며 결코 다른 이유는 없다고 보는데, 자네는 이에 동의하는가?"

"네, 동의합니다."

"나는 이제 우리가 들어왔던 저 여러 가지 교묘한 근원들에 대하여 그 어느 것도 인정할 수 없으며 또한 이해할 수도 없네. 만일 어떤 사람이 나에게 아름다운 빛깔, 모양, 또는 그와 비슷한 그 밖의 것들이 아름다움의 근원이라고 한다면, 나는 그에게 그와 같은 말은 나를 혼란 속에 빠뜨릴 뿐이라고 말하면서 그의 모든 말을 받아들이지 않을 걸세. 나는 단지 모든 사물을 어떤 형태로든 아름다움 자체가 거기에 내포되어 있거나, 또는 아름다움 자체에 관계함으로써만이 아름다운 것이 된다는 이 한 가지 이론만을 단순하고 철저하게 그리고 어리석을 정도로 굳게 지니려하네. 그것이 어떻게 아름다움 자체에 참여하는가에 대해서는 잘 알 수 없네. 그렇지만 모든 아름다운 것들은 아름다움 자체에 의하여 아름다워진다는 것을 나는 강력하게 주장하는 바이네. 이것은 나 자신에게나 또는 어느 누구에게라도 대답할 수 있는 가장 확실한 답변이라고 생각하네. 이 같은 논리에 의하면, 결코 미궁에 빠질 위험은 없을 것이며, 또 나나 그 밖의 어느 누구에게도 아름다운 것은 아름다움에 의하여 아름다워진다는 답변이 가장 확실한 답변이 되리라고 생각하네. 자네의 의견은 어떤지 모르겠군."

"저도 그렇게 생각합니다."

"그러므로 '큼 자체'로 인하여 큰 물체들이 큰 것이며, 또 작은 것은 '작음 자체'로 인하여 작은 것이 아니겠는가?"

"그렇습니다."

"그렇다면 자네도 나처럼 이 사람은 저 사람보다 머리만큼 크다라든지, 저 사람은 이 사람보다 머리만큼 작다라는 말들을 받아들이지 않고, 오히려 자네의 견해를 철저하게 주장하게 될 것이네. 즉 보다 큰 것은 오직 '큼 자체'에 의해서만 다른 것보다 더 큰 것이며, 보다 작은 것은 오직 '작음 자체'에 의해서만 다른 것보다 작다고 주장하는 것이 옳다고 말일세. 그렇지 않고 이 사람은 저 사람보다 머리만큼 크다고 말하게 되면, 자네는 다음과 같은 논리적 모순에 부닥뜨리게 될 걸세. 첫째로 큰 사람이든 작은 사람이든 같은 기준에 따라야 하며, 둘째로 큰 사람이 작은 사람의 머리 높이보다 크다고 하는 것은 결국 큰 것은 무언가 작은 것에 의해서만 커진다는 불합리한 주장이 된다는 말일세. 자네는 이와 같은 추리를 하는 것이 두렵지 않은가?"

케베스가 웃으며 말하였습니다.

"어찌 두렵지 않겠습니까?"

"또한 자네는 열이 여덟보다 둘 만큼 많다거나, 혹은 열이 여덟보다 많게 되는 근원은 둘이라는 숫자라고 말하는 대신에, 열은 그보다 더 큰 수로 인해 여덟보다 많게 된 것이라 말

할 것이며, 2피트가 1피트보다 긴 이유는 1피트가 2피트의 절
반인 때문이 아니라 그 자체의 길이 때문이라고 말하게 될 것
이네. 자네는 이처럼 주장하는 것이 두렵지 않나? 실수를 범
할 우려는 양쪽 주장에 똑같이 도사리고 있네."

"물론 두렵습니다."

"그렇다면 자네는 하나에 하나가 보태어질 경우에는 가법加
法을, 또 하나가 쪼개어질 경우에는 분할分割을 그 원인이라고
주장하기를 꺼려하지 않을까? 자네는 오히려 큰 소리로 무엇
이든지 존재하는 것은 그 본질에 참여하기 때문이요, 그 밖의
다른 까닭은 아무것도 알지 못하며, 또한 둘의 원인은 오직
둘 자체이니 이것은 둘을 둘 되게 하는 것이요, 또 하나 자체
에 참여함으로써 어떤 하나가 생성되는 것이라 단언할 수 있
을 걸세.

가법이나 분할 같은 까다로운 것은 자네 자신보다 머리가
좋은 사람들이 풀도록 맡겨 두고, 자네는 속담에서 말하듯이
자네 자신의 그림자, 즉 무지無知를 경계하여 저 확고한 원리
를 지키게나. 만일 누군가 그 원리를 공격해 오면, 자네는 그
사람을 그냥 내버려 두든지, 그렇지 않으면 거기에서 나오는
여러 가지 귀결이 서로 일치되는지 모순되는지를 숙고한 후

대답하면 되네. 만일 그 사람이 원리를 설명할 것을 요구하면, 자네는 더 나아가 보다 높은 원리를 가정하며 그가 추구할수록 더욱 높은 원리 가운데서 최선의 것을 찾아 확고한 입장을 세우게나. 그러나 논쟁을 일삼는 사람들처럼 그 근본 원리와 그 원리에서 나온 여러 가지 귀결을 혼동하여서는 안 되네. 적어도 자네가 진실을 발견하려 한다면, 저들은 이런 것에 관하여는 어떤 이론도 전혀 생각지 않을 것이네. 저들은 모든 것을 뒤죽박죽으로 해 놓고도 그들 자신은 흡족해 할 만큼 재치가 있네. 그러나 자네는 참된 철학자의 한 사람이니만큼 내가 말하는 대로 행동하리라고 나는 믿어 의심치 않네."

"선생님의 말씀이 정말로 옳습니다" 하고 심미아스와 케베스가 함께 대답하였습니다.

에케크라테스 오, 파이돈, 그들이 동의하는 것은 당연한 일입니다. 그분께서 하신 말씀은 나같이 빈약한 정신의 소유자도 분명히 알아들을 수 있을 정도이니까요.

파이돈 사실 그렇습니다. 그때 함께 있던 사람들은 누구나 그렇게 생각했습니다.

에케크라테스 거기 있지 않던 나도 당신의 말을 듣고 나니 공감이 됩니다. 그런데 그 다음에는 무슨 말씀을 하셨나요, 파이돈?

파이돈 나의 기억에 의하면 개개의 에이도스(관념적, 또는 이상적 본질. 보통 형상形相이라고 옮김)가 정말 존재하며, 다른 것들이 그 에이도스로 이름지워지는 이유는 그 에이도스에 참여하기 때문이라는 점에 합의를 본 후, 소크라테스는 이러한 질문을 하셨습니다.

"자네가, 만약 심미아스는 소크라테스보다는 키가 크지만 파이돈보다는 작다고 말한다면, 자네의 주장은 심미아스 내부에 '큼 자체'와 '작음 자체'가 동시에 존재한다는 의미가 아닐까?"

"그렇습니다."

"그러나 자네는 심미아스가 소크라테스보다 크다는 주장은 결코 옳지 않다고 인정할 게 아닌가? 왜냐하면 심미아스가 소크라테스보다 큰 참된 원인은, 그가 심미아스이기 때문이 아니고 그가 부수적으로 지니고 있는 키 크기이니까. 또 역으로 그가 소크라테스보다 큰 참된 원인은, 소크라테스가 소크라테스이기 때문이 아니라 심미아스의 키와 비교할 때 심미아스보다 작은 그의 키 크기가 아니겠나?"

"그렇습니다."

"마찬가지로 심미아스가 파이돈보다 작은 까닭은, 그 파이돈이 파이돈이기 때문이 아니라 심미아스의 작음과 비교함에 있어 그의 키 크기가 아니겠는가?"

"그렇습니다."

"그러므로 심미아스를 크다고도 하고 작다고도 하는 것은, 그가 양자의 중간에 있어 그의 '큼'이 소크라테스의 '작음'을 능가하며, 또 한편으로는 다른 한 사람 즉 파이돈의 '큼'이 그의 '작음'을 능가하기 때문일세."

그리고 그는 미소를 띠우면서 "좀 수사적修辭的인 대구가 되었네만 어쨌든 내 말이 옳다고 생각하네" 하고 말씀하셨습니다. 케베스는 이에 동의하였습니다.

"내가 이 말을 하는 이유는, 자네가 나의 견해에 동의해 주기를 원하기 때문이네. 내가 생각하기로는, 큼 자체는 큰 동시에 작을 수 있는 것이 아니며, 또 우리 속에 있는 큼 자체도 역시 작게 되는 것을 용납하지 않는 것일세. 그 큰 것 중에는 두 가지 일 가운데 하나가 일어날 걸세. 즉 그 반대의 것인 작음이 접근해 올 때에는 그 자리를 양보하거나 또는 그것이 가까워짐에 따라 사라져 없어지네. 그것은 그 작은 것을 받아들이고 거기에 굴복하여 본래의 자기와 다른 것이 될 수 없는 까닭이지.

마찬가지로 심미아스와 비교될 때 작음을 받아들이는 터이지만, 여전히 나는 본래의 나대로 있는 것일세. 큼 자체는 결코 작은 것일 수 없으며, 또한 작게 될 수도 없지 않겠나? 또한 우리 속에 있는 작음 자체도 전혀 큰 것일 수 없으며 크게 될 수도 없네, 아무튼 어떤 상반되는 것들의 반대이든지, 이전에 있던 그대로 자기의 본성을 지키고 있지 결코 그 자신과 반대일 수도 반대의 것과 같아질 수도 없네. 그런 경우에 있어서는 오히려 그 변화 속에서 소멸되어 버릴 것일세."

"저도 그처럼 생각합니다" 하고 케베스가 말하였습니다.

이때 분명히 기억할 수는 없습니다만, 이 말을 듣고 누군가 이렇게 말하였습니다.

"아니 지금 하신 말씀은 우리가 앞서 인정한 것과는 정반대되는 것이 아닙니까? 앞에서는 보다 큰 것에서 보다 작은 것이 나오고, 보다 작은 것에서 보다 큰 것이 나오며, 따라서 보편적으로 서로 반대되는 것에 의하여 반대되는 것이 생긴다고 하였는데, 지금은 그것이 전혀 불가능하다고 말씀하시는 것 같습니다."

소크라테스는 귀를 기울여 듣고 있다가 이렇게 말씀하셨습니다.

"자네는 매우 훌륭하네. 그 점을 상기시켜 주었으니 말일세. 그러나 자네는 앞의 경우와 이번 경우가 다르다는 것을 이해하지 못하는 것 같네. 앞에서는 현상적으로 상반되는 물체에 대하여 이야기하였으며, 지금은 반대되는 성질 자체에 관하여 이야기하고 있는 것이네. 후자는 우리 안에 있어서나 혹은 자연계에 있어서나, 자기 자신에 반대되는 성질이 될 수는 없는 걸세. 즉 앞에서는 반대되는 성질 자체에 의해 명명命名된 반대에 대하여 말하였지만, 지금은 반대되는 성질 자체에 대하여 말하는 것일세. 그러한 것이 내재內在함으로써 명명된 것은 그 명칭을 갖고 있는데, 이 성질들 자체는 각각 그 반대되는 것으로부터 나올 수 없다고 보는 걸세." 그리고 소크라테스는 케베스를 바라보며 물었습니다. "케베스, 자신도 이 친구의 말을 듣고 마음에 혼란이 일어났나?"

"이번에는 그렇지 않습니다. 물론 다른 여러 반론들에 혼란스러워지는 것을 부인할 수는 없지만" 하고 케베스가 대답하였습니다.

"그러면 우리는 무엇이든지 그 자체와 상반되는 것이 될 수는 없다는 데 대하여 의견의 일치를 본 셈이 아닌가?"

"네, 전적으로 합의를 보았다고 생각합니다."

"그렇다면 그 문제에 대하여 다른 입장에서 검토해 보고, 나에게 동의할 수 있는지 생각해 보게. 자네는 평소에 뜨겁다, 혹은 차다는 말을 쓰고 있지?"

"물론입니다."

"그러면 그것들은 불이나 눈과 같은 것인가?"

"그렇지 않지요."

"그러니까 말하자면 뜨겁다는 것은 불과 다르며, 차다는 것은 눈과 다르다는 말이지?"

"그렇습니다."

"그렇다면 앞서 우리의 논의에 비추어 열을 받아들인 눈(雪)은 절대로 눈일 수 없고, 뜨거운 기운이 접근해 옴에 따라 그곳에서 물러나거나 소멸되어 버림을 자네는 인정할 테지?"

"네, 인정합니다."

"그리고 또한 불도 냉기가 접근해 오면 물러가거나 소멸되어 버리네. 다시 말해서 불이 냉기를 받았을 경우에도 여전히 그대로 불이면서 동시에 찬 것일 수는 없다는 것일세."

"물론입니다."

"이와 같은 예에서 우리는 형상의 명칭이 형상 자체에만 영원히 적용되는 것이 아니라, 형상 자체는 아니지만 그 형상의 모습을 띠고서 존재하는 다른 것들에도 또한 붙여지는 것을 보았네. 예를 하나 더 들어 좀더 분명히 설명해 보겠네. 홀수에는 언제나 홀수라는 명칭이 붙을 것이 아닌가?"

"그야 그렇지요."

"그런데 우리는 이 홀수라는 명칭을 홀수 자체에만 사용하고 있는가? 그 자신 홀수 자체는 아니지만 홀수의 성질을 띠고 있기 때문에 홀수라는 명칭을 붙여야 할 것이 또 있지 않겠나? 이것은 바로 내가 묻고 싶은 걸세. 예를 들어 3이란 숫자를 두고 생각해 보세. 이 밖에도 물론 여러 가지 예가 있지만, 우리가 3이란 수에 대해 생각해 볼 때 그것은 3이라는 그 자신의 이름으로 불리는 동시에 홀수라고도 불리는 것이 아니겠나? 그러나 홀수라는 명칭은 어디까지나 3이라는 명칭과는 다른 것이네. 이러한 예는 3뿐만 아니라 5에 대해서도 적용할 수 있고, 그 밖의 모든 홀수에 적용할 수 있네. 즉 그것들은 그 자신 홀수 자체는 아니면서 각각 하나의 홀수이네. 그리고 2 또는 4 등 홀수가 아닌 수는 짝수라고 부르는데, 그

수들도 그 자신 결코 짝수 자체는 아니지. 자네는 이에 대하여 동의하는가?"

"물론입니다."

"그러면 내가 지금 분명히 밝히려고 하는 것에 주의를 기울여 주게. 그것은 즉 상반되는 성질들 자체만이 서로 물리치는 것이 아니라, 구체적인 사물들도 역시 그 자체가 반대되는 성질은 아니지만 반대되는 성질을 갖고 있을 경우에는 서로 물리친다는 것이네. 이러한 사물들은 자기들 속에 있는 성질에 반대되는 성질을 물리치는 것이요, 그것이 가까이 접근해 오면 물러가거나 사라져 버리는 걸세. 예컨대 3이라는 숫자가 짝수가 되려면 아주 없어져 버리거나 어떤 변화를 받아야만 하는 것이지."

"물론입니다" 하고 케베스가 말하였습니다.

"그런데 2라는 수가 3이라는 수에 상반되는 것은 아니지 않는가?"

"그렇지요."

"그것은 곧 단지 상반되는 형상 자체들만이 서로 물리치는 것이 아니라, 다른 것들도 상반되는 성질을 내포한 것의 접근을 물리치는 경우가 있다는 입증이 아니겠나?"

"그렇습니다."

"그렇다면 어떤 것들이 그러한지 우리의 생각이 미치는 데까지 정의해 보는 것이 어떻겠나?"

"좋습니다."

"케베스, 그것은 이러하네. 어떤 것을 자기 밑에 포섭하고 있을 경우, 그것을 비단 자기의 성질뿐만 아니라 자기가 갖고 있는 어떤 반대되는 성질도 가지게 하는 것이네."

"무슨 말씀이신지요?"

"그것은 내가 조금 전에 말한 걸세. 나는 자네가 알고 있는 줄로 생각하는데. 즉 3이라는 수 밑에 포섭되는 것은, 그 3에 이끌리어 3과 마찬가지로 홀수가 되는 홀수일세."

"물론 그렇지요."

"그런데 3이라는 수가 관여하는 이런 홀수라는 성질에는 그 반대되는 성질이 절대로 가까이 가지 못하겠지? 그렇지 않은가?"

"그럴 것입니다."

"그렇다면 3이 3이 되는 것은 그 홀수의 성질 때문이 아니겠나?"

"그렇습니다."

홀수의 반대는 짝수이지?"

"네"

"그러면 짝수라는 성질은 결코 3에 가까이 갈 수 없지 않겠나?"

"그렇지요."

"3은 짝수와 아무 상관도 없지 않겠나?"

"상관이 없습니다."

"그러므로 3이라는 수는 짝수가 아니지?"

"네, 짝수가 아닙니다."

"그럼 어떤 것에 반대되는 것은 아니지만, 그 어떤 것에 내재되어 있는 반대성을 받아들이지 않는 것들에 대해 다시 생각해 보세. 예컨대 3은 짝수에 반대되는 것은 아니지만, 결코 짝수라는 성질을 받아들이지 않네. 오히려 언제나 거기에 반대되는 홀수의 성질을 띠고 있지. 마찬가지로 2는 홀수의 성질을 받아들이지 않네. 그리고 불은 냉기를 받아들이지 않네.

이 밖에도 이러한 예는 얼마든지 있네. 자네는 이런 예에서 다음과 같은 결론에 도달할 수 있을 걸세. 즉 반대는 반대를 용납하지 않을 뿐만 아니라, 반대성을 내포한 것에 어떤 것이든 접근할 경우에는 이 반대되는 것을 결코 받아들이지 않는다는 결론 말이야. 이제 같은 이야기를 한 번 더 되풀이해 보세. 이야기를 반복한다고 해서 해로울 것은 조금도 없으니까.

5라는 수는 짝수의 성질을 지니는 법이 없네. 그리고 그 갑절인 10은 홀수의 성질을 띨 수가 없네. 5의 갑절인 10은 그 절반인 5와 반대되는 관계에 있으며, 홀수라는 성질을 받아들이지 않네. 또한 3분의 2나 2분의 1, 3분의 1 등 모든 분수는 정수整數란 성질에 반대되는 것은 아니지만, 그런 성질은 갖고 있지 않네. 자네도 내 말에 동의하는가?"

"네, 전적으로 동의합니다."

"그렇다면 또다시 처음으로 되돌아가서 내 질문에 답해 주게. 그렇지만 대답할 때 내가 한 말을 그대로 흉내내어서는 안 되네. 다시 말하면, 내가 처음에 말한 그 확실한 답 외의 다른 대답을 듣고 싶단 말일세. 방금 우리가 말한 것 속에서 처음의 답 못지않은 확실한 답을 찾을 수 있으니, 나는 그것을 듣고 싶단 말이네.

만일 신체 안에 무엇이 있기에 신체가 따뜻한가 하는 자네의 질문에 온기가 있어서 그렇다고 답변한다면, 이것은 안전

하긴 하지만 분명히 어리석은 대답이라고 하지 않을 수 없네. 그러나 지금 우리가 찾으려는 답은 불에 의하여 그렇다고 하려는 것이지만, 이것은 훨씬 훌륭한 답변일세. 몸이 아픈 것은 무슨 까닭이냐고 자네가 질문할 경우, 나는 병이 나서 아프다고 하지 않고 열이 올라서 아프다고 답변할 걸세. 그리고 어떤 수가 홀수일 경우에 그게 어찌하여 홀수냐고 질문한다면, 홀수 자체가 그 속에 있기 때문이라고 하지 않고 홀수라는 성질이 그 속에 있기 때문이라고 말할 걸세. 이 밖에도 예를 많이 들 수 있겠지만, 그러지 않아도 내가 말하려는 의도를 충분히 이해할 줄 믿네."

"네, 잘 알겠습니다."

"자, 그러면 우리의 육체 속에 무엇이 깃들어 있기에 육체가 살아 있는 걸까?"

"영혼입니다."

"그건 언제나 그런 것인가?"

"물론입니다."

"그렇다면 영혼이 들어 있는 것은 언제나 그 영혼이 생명을 주는 근원이 아니겠는가?"

"그렇습니다."

"대체 생명에는 상반되는 것이 있는가, 없는가?"

"있습니다."

"그렇다면 그게 뭔가?"

"죽음입니다."

"그렇다면 이미 동의한 바와 같이, 영혼은 그것이 지니고 있는 것에 반대되는 성질을 결코 받아들이지 않을 게 아닌가?"

"그야 물론이지요" 하고 케베스가 대답하였습니다.

"짝수의 성질을 받아들이지 않는 것을 우리는 뭐라고 불렀는가?"

"홀수라고 하였습니다."

"정의를 받아들이지 않는 것과 예술을 받아들이지 않는 것을 뭐라고 하는가?"

"부정不正이라고 하고 비예술적이라고 합니다."

"그렇다면 죽음을 받아들이지 않는 것은 무엇이라고 하는가?"

"불사不死라고 합니다."

"영혼은 죽음을 받아들이지 않지?"

"그렇습니다."

"그렇다면 영혼은 불사란 말인가?"

"네, 불사입니다."

"그렇다면 이것으로 영혼의 불사가 증명되었다고 할 수 있겠는가? 이에 대하여 자네는 어떻게 생각하나?"

"충분히 증명되었다고 할 수 있습니다."

"그렇다면 어떻게 생각하나, 케베스? 홀수가 불멸이라고 하면 3이라는 수도 필연적으로 불멸하는 것이겠지?"

"물론입니다."

"만일 따뜻하지 않은 것이, 즉 찬 것이 불멸하는 것이라고 한다면, 더운 것을 눈(雪) 곁에 가까이 가져갔을 경우에도 눈은 녹지 않고 그대로 있는 것이 아닐까? 왜냐하면 소멸하지도 않고 그냥 머물러 있으면서 열을 받아들일 수 없으니 말일세."

"그렇습니다."

"이와 마찬가지로 차지 않는 것, 즉 더운 것이 불멸하는 것이라고 한다면, 불에 가까운 것이 다가왔을 경우에도 불은 멸하지 않고 꺼지지도 않으며 단지 어디론가 사라져 버리는 것이 아닐까?"

"분명히 그렇습니다."

"그렇다면 불사적인 것에 관하여도 반드시 이와 같이 말할 수 있을 것이네. 만일 불사적인 것이 불멸하는 것이라면, 육신이 죽음에 당하더라도 영혼은 결코 멸할 수 없다고 말일세. 왜냐하면 지금까지 우리가 이야기해 온 바와 같이, 영혼은 결코 죽음을 받아들이지 않으며 따라서 죽을 수 없기 때문이네. 이것은 마치 3이나 그 밖의 홀수가 짝수를 받아들일 수 없고, 불이나 불 속에 있는 열이 냉기를 받아들일 수 없는 것과 마찬가지 이치라네.

그러나 혹 이렇게 말하는 사람도 있을지 모르겠네. '홀수는 짝수가 접근해 올 때, 짝수가 될 수는 없다고 치더라도, 홀수가 소멸한 다음 그 자리에 짝수가 들어설 수 없다고 단정할 수는 없지 않은가?' 하고 말일세. 이런 말을 하는 사람들에게 우리는 홀수라는 것 자체가 불멸하는 것이라고 대답할 수는 없네. 우리는 지금까지 홀수가 불멸이라는 데 대해서는 피차에 합의를 보지 못했으니 말이네. 그러나 만일 이것을 인정할 수 있다면, 짝수가 접근해 올 때에 홀수 자체, 예컨대 3이라는 수는 고스란히 물러가서 자기 자신을 보전한다고 말할 수 있을 걸세. 그런데 불이나 온기나 그 밖의 다른 어떤 것들에 대해서도 이와 같이 말할 수 있지 않겠는가?"

"그렇게 말할 수 있지요."

"그리고 우리는 불사적인 것에 대해서도 역시 그렇게 말할 수 있을 걸세. 만일 불사적인 것이 불멸하는 것이기도 하다면, 영혼은 불사임과 동시에 불멸하는 것일세. 그러나 만일 그렇지 않다고 하면, 그 불멸에 대하여 어떤 다른 증명을 하지 않으면 안 될 걸세."

"다른 증명을 할 필요가 없는 줄 압니다. 왜냐하면, 만일 불사적인 것이 영원한 것이면서도 멸망할 수 있는 것이라면, 세상에 영원한 것이라고는 하나도 있을 수 없으니 말입니다."

"그렇네. 그 때문에 신과 생명과 그리고 그 밖의 무엇이든지 불사적인 것은 결코 멸하지 않는다는 사실을 누구나 인정하고 있는 걸세."

"그것은 사실입니다. 그리고 비단 사람뿐만 아니라 신들도 이것을 인정하리라고 저는 생각합니다."

"이와 같이 불사적인 것이 또한 불멸하는 것이라고 하면, 영혼이야말로 불사적인 것이면서도 불멸하는 것이 아니겠나?"

"사실 그렇습니다."

"그러므로 사람이 죽음을 당하였을 때, 그 소멸하는 부분은 죽는다고 하겠으나 불멸하는 부분은 고스란히 자기 자신을 보전하면서 물러가는 것이 아니겠나?"

"그럴 것으로 생각합니다"

"오, 케베스, 그렇다면 영혼은 불사요 불멸하는 것이며, 우리 영혼이 종말에 가서 하데스에 있게 되리라는 것은 더 의심할 여지가 없지 않겠나?"

"이제 저는 분명히 알게 되었습니다. 이제는 반대할 것이 하나도 없습니다. 그러나 심미아스나 그 밖의 누구든지 할 말이 있으면 잠자코 있지 말고 이야기를 나누는 것이 좋겠습니다. 이 기회를 놓치면 다시는 이 문제에 대하여 이야기를 주고받을 수 없을 테니까요."

"저도 더 이상 할 말이 없습니다."

심미아스가 말을 이었습니다.

"여기까지 듣고 보니 더 의심할 여지가 없게 되었습니다. 그러나 문제가 워낙 거창한 데다가 인간이란 약한 것이고 보면, 아무래도 마음속 어딘지 모르게 석연치 않은 구석이 전혀 없지는 않군요."

"심미아스, 하긴 그럴 걸세."

소크라테스가 계속하여 말씀하셨습니다.

"그리고 우리의 맨 첫번째 전제前提들도 다시 한 번 실제로 신뢰할 만한 가치가 있는지 살펴보아야 할 줄 아네. 그것들이 옳다는 충분한 증거가 드러나게 되면, 다음에 우리의 힘이 미치는 데까지 논리를 따라가 보아야 할 줄 아네. 이렇게 한 후에 분명하고 명백한 것으로 드러나게 되면 추궁할 필요가 없지 않겠나?"

"정말 그렇습니다."

"그러나, 벗들이여, 만일 영혼이 실제로 불사라면 우리는 덧없는 이 세상의 시간을 위해서만 아니라 영원한 저 세상을 위해서는 영혼을 보살펴야 하지 않겠는가? 이와 같은 견지에서 볼 때, 영혼을 소홀히 여긴다는 것은 그야말로 위험천만한 일이라고 하지 않을 수 없을 걸세. 만일 죽음으로 인생이 모든 종말을 고한다면, 악인들은 죽음으로 말미암아 큰 덕을 본다고도 할 수 있지 않겠나? 왜냐하면 그들은 죽음과 동시에 그 육체와 함께 영혼이며 그의 모든 죄과까지도 모조리 버리고 떠날 수 있을 테니까 말일세. 그렇지만 우리가 보아 온 것처럼 영혼은 불사하는 것인즉, 죄과에서 벗어나 구원을 얻으려면 가장 선량하고 가장 지혜롭게 살아야 하는 것이네. 하데스로 갈 때 우리의 영혼이 지니고 갈 수 있는 것이란 지식과 교양밖에는 없으니 말이네. 죽은 사람이 저승으로 첫걸음을 내디딜 때, 이와 같은 것들은 커다란 도움을 주기도 하지만 커다란 해를 주기도 한다고 들었네.

전설에 의하면, 사람마다 각기 다이몬(고대 그리스 사람들이 그리스 신화에 등장하는 신과는 별도로 산천초목과 인간 생활에 영향을 미치는 초자연적인 힘에 붙인 명칭. 나중에는 신과 인간의 중간에 위치하는, 인간의 운명을 지배하는 영혼을 의미하게 되었음)이 있어서 생존하는 동안 그 사람을 맡아 보살피다가, 그 사람이 죽은 후에는 죽은 사람들이 모여 있는 한 장소로 데리고 간다 하네. 그리하여 거기서 심판을 받고 나면, 이 세상에서 저 세상으로 넘겨 주는 안내자를 따라 하데스로 가게 된다고 하였네. 그리하여 각자가 그곳에서 심판을 받고 오랜 시간이 흐른 다음, 또 다른 안내자가 그를 데리고 이 세상으로 온다는 걸세.

아이스킬로스(고대 그리스 앗티카의 비극 시인. 〈결박당한 프로메테우스〉, 〈오레스테이아〉 등의 작품을 남김)의 비극에 나오는 텔레포스(옛 소아시아에 있었던 나라인 미시아의 왕. 그는 아킬레우스의 창을 맞아 다친 곳에 그 창에서 받은 녹물로 고약을 만들어 바르자 상처가 아물었다고 함)는 이 여로旅路를 오직 하나밖에 없는 곧은 길이라고 말하고 있지만, 나는 아무래도 그렇게 인정할 수 없네. 만일 곧은 길이라면, 그 길에서 길을 잃는 일도 없고 안내자도 필요 없을 게 아닌가? 내 생각으로는 반드시 갈림길이나 구부러진 곳이 많이 있을 것 같네. 이건 여러 길이 교차하는 지점에서 저승의 신들에게 제사를 드리고 제물을 올리는 것을 보면 짐작할 수 있는 것일세. 따라서 지혜로우며 잘 단련된 영혼들은 그 길을 따라가며 자신을 둘러싼 상황을 잘 알겠지만, 육체에 집착하는 영혼들은 이미 앞에서도 말한 바와 같이 생명이 떠난 육체의 주위를 오래도록 배회하면서 눈에 보이지 않는 세계를 방황하다가, 갖가지 고생을 겪은 후에 마침내 그의 다이몬에 의하여 억지로 끌려가는 것이라고 생각하네. 부정不淨하거나 불의의 행위를 한 영혼은, 특히 불의한 살인을 하였거나 또는 이와 비슷한 옳지 못한 행위를 한 일이 있는 영혼은 다른 영혼들이 모여 있는 장소에 이르더라도 혼자일 것이네. 어느 한 사람도 그의 저승길에 길동무가 되어주지 않을 것이며, 아무도 그의 안내자가 되려고 하지 않을 걸세. 따라서 그 영혼은 어느 시기에 이를 때까지 그의 운명대로 그에게 알맞은 곳으로 끌려 다닐 걸세. 이와 반대로 평생토록 깨끗하고 절도 있는 생활을 한 영혼들은, 신들이 그 길동무가 되어 주며 안내자가 되어 주는 동시에, 각각 자기가 있을 곳에 도착하여 그곳에서 안주安住할 게 아니겠나?

　"그런데 이 지상에는 신비로운 곳이 여러 곳 있네. 그리고 이 대지는 그 모양이나 크기에 있어서, 지금까지 내가 들어 온 바에 의하면, 흔히 지리학자들이 서술하고 있는 것과는 아주 다르네."

"오, 소크라테스, 무슨 말씀이십니까? 저도 그 대지에 관하여 여러 가지 이야기를 들었습니다마는, 선생님께서는 어느 것을 옳게 여기시는지에 대해서는 아직 들어 본 일이 없습니다. 그 점에 대해서 듣고 싶습니다."

"아, 심미아스, 내가 글라우코스(일반적으로 6세기의 금속 세공인의 재주를 찬양하는 의미로 쓰이나, 여기서는 소크라테스가 죽을 무렵인 기원전 5세기 말 〈음악사史〉와 〈서정시사史〉를 쓴 동명同名의 그리스의 저술가를 지칭한 듯함)의 재주를 지니고 있다면 나의 신념을 자네에게 들려주고 싶네. 그렇지만 안타깝게도 나에게는 그런 재주가 없지 않은가? 글라우코스의 재주를 가지고 있다 하더라도 별 수 없을 것 같네만. 내가 알고 있는 범위 내에서 대지에 대한 설명을 한다 하더라도, 그와 같은 긴 이야기를 하기에는 내 남은 목숨이 너무도 짧네. 그렇지만 내가 알고 있는 범위 내에서 그 형상과 여러 장소에 대하여 거리낌없이 설명해 보겠네."

"그것으로도 족합니다" 하고 심미아스가 말하였습니다. "내가 무엇보다도 확신하는 것은, 지구가 둥글며 하늘 복판에 있다면 그것이 떨어지지 않도록 그것을 받쳐 줄 공기나 그 밖의 어떤 것이 필요치 않으리란 것이네. 하늘의 균질성均質性과 지구 자체의 균형은 그 스스로를 받치기에 충분하니까 말일세. 스스로 균형을 이루고 있는 것이 균질적인 것의 중심에 자리 잡고 있으면, 어느 방향으로든지 조금도 기울어짐 없이 항상 같은 상태에 있으며 정지하고 있을 테니까."

"그것은 옳은 견해입니다" 하고 심미아스가 말하였습니다.

"두 번째로 내가 확신하는 것은, 대지는 매우 광대하며 우리는 파시스 강(흑해 동안東岸으로 흘러 들어가는 강)과 헤라클레스의 두 기둥(헤라클레스는 지브롤터 해협의 양쪽에 기둥을 세웠다고 함) 사이의 조그마한 지역에서 살고 있으며, 또 개미와 개구리가 늪가에 살고 있듯이 바닷가에 살고 있다는 사실이네. 그리고 우리 이외의 사람들도 이와 비슷한 다른 곳에 살고 있다고 할 수 있을 걸세.

지구 표면에는 갖가지 모양의 넓고 좁은 골짜기가 있으며, 물이나 안개나 무거운 공기가 그 골짜기로 모여들게 마련이네. 그러나 지구 자체는 하늘에서 반짝이는 별처럼 순수한 것으로, 전문가들이 이른바 에테르라 하는 것 가운데 자리잡고 있네. 그리고 에테르의 침전물沈澱物인 물과 공기와 안개가 지구의 골짜기로 흘러드는 것이라네.

그런데 대지의 골짜기 속에서 살고 있는 우리들은, 마치 대지의 표면에 살고 있는 듯이 착각하고 있네. 그것은 마치 바다 밑바닥에 살고 있는 생물이 바다 표면에 살고 있는 것처럼 생각하고 있는 것과 마찬가질세. 물을 통하여 해와 별을 보면서 바다를 하늘로 생각하는 그 생물들은 연약하고 우둔하기 때문에 한 번도 물 위에 떠오르지 못할 뿐 아니라 육지에 올라와 보지도 못하고, 따라서 그들이 살고 있는 상부의 세계가 얼마나 깨끗하고 아름다운지도 알지 못하며, 동시에 이것을 본 자들의 이야기도 들어 보지 못하는 것과 다름없네.

우리의 경우도 이와 마찬가지가 아닐까? 우리도 지구 위의 대지의 한 골짜기에 살고 있으면서, 그 표면 위에서 살고 있는 것처럼 생각하니 말일세. 뿐만 아니라 공기를 하늘이라고 부르는가 하면 별들도 그 속에서 운행하고 있는 것으로 상상하지 않는가. 그러나 실제에 있어서 우리는 우리의 아둔함과 유약함으로 대지의 표면에 이르지 못하고 있는 걸세. 만일 누군가 대지의 끝까지 이르거나 또는 새의 날개를 빌어 그 꼭대기까지 날 수 있다면, 마치 물 속에서 고개를 내밀어 우리 세상을 바라보는 물고기처럼 저 세상을 바라볼 수 있을 것이네. 그리고 그의 본성 속에 통찰력이 깃들여 있다면, 그 세계가 참된 하늘이며 참된 땅이라는 것을 알 수 있을 것일세. 왜냐하면, 우리의 대지는 어느 곳이든 마치 바다 속의 모든 것이 염소鹽素로 말미암아 부식된 것처럼 파손되고 부식되어 있으니 말일세.

또한 바다 속에는 아무것도 제대로 자라는 것이 없고 완전한 것도 없으며, 오직 동굴과 모래와 흙이 있을 뿐이네. 설사 거기에 땅이 드러나 보인다 하더라도 그곳은 우리가 살고 있는 이 땅과 비교해 그 아름다움을 찾아볼 수 없는 곳일 것이야. 그러나 우리가 바라는 저 세상은 우리의 이 세상보다도 더욱 좋은 곳일세. 그리하여 저 하늘 밑에 있는 그곳에 대하여 이야기(신화 속에 나오는 이야기)를 해도 좋다면, 그것이야말로 얼마나 들을 만한 이야기겠는가, 심미아스!"

"오, 소크라테스, 그 이야기를 정말 듣고 싶습니다" 하고 심미아스가 말하였습니다.

"그 이야기란 바로 이런 것이네. 첫째로 하늘에서 보는 참된 저 세상은 마치 열두 조각의 가죽으로 된 공처럼 보인다네. 그 빛깔은 이 세상의 화가들이 쓰고 있는 빛깔들과 비슷하네. 저 세상은 이처럼 아름답게 물들어 있으며 우리의 빛깔보다도 훨씬 더 화려하네. 거기에는 놀라울 정도로 아름다운 자홍색紫紅色이 있고 황금색이 있으며, 또한 석고나 눈보다 더 눈부신 흰빛이 반짝이고 있다네. 그 땅은 이와 같은 빛깔로 되어 있으며, 지구에서 볼 수 없는 특수한 색조色調를 나타내고 있네. 골짜기들은 모두 물과 공기로 가득 차 있으며 제각기 다른 빛깔들을 띠고 있어서, 마치 하나의 광선 줄기 같이 다른 빛깔 속에서 드러나 보이네. 이처럼 아름다운 곳에는 아름다운 곳에서 자라나는 모든 식물, 즉 나무며 꽃이며 과실들이 자라나고 있네.

또한 저 세계의 돌들은 모두 매끄럽고 투명하며 이 지구상의 값진 보석보다도 더욱 아름답다네. 마치 우리가 가지고 있는 홍옥紅玉, 벽옥碧玉, 녹옥綠玉 및 그 밖의 보석들처럼 말일세. 그 땅의 돌들은 모두 우리의 보석이나 다름없이 아름답다네. 그 까닭은 그곳의 돌들은 순수하며, 우리의 보석처럼 염분이 섞인 물질에 의하여 부식되지 않기 때문일 걸세. 더구나 이 지상에는, 이 염분이라는 것이 서로 모여서 응고凝固되기 쉬운 상태여서 비단 동식물뿐만 아니라 땅이나 돌까지도 추하고 병들게 하는 것이라네. 그렇지만 저 세상의 땅들은 이처럼 많은 보석들과 금·은 등으로 장식되어 있는 환한 빛을 발산하고 있으며, 또한 어느 곳에나 풍족하기 때문에 그곳을 바라보는 것은 다시 없는 기쁨이 될 걸세. 그 땅에도 사람과 짐승들이 있지만, 그 중의 일부는 내부의 육지에 있으며 일부는 우리가 바닷가에 살고 있는 것처럼 공기 주변에 살고 있다고 하네. 그리고 더러는 섬에서 살고 있지만, 섬은 대륙 가까이 있으므로 공기가 그 주변을 흐르고 있다네. 다시 말하면 물과 바다가 우리에게 소중한 것처럼 그곳에서는 공기가 소중하다네. 그들에게는 에테르가 우리의 공기와 같은 것일세.

그곳의 기후는 매우 온화하여 그들은 병에 걸리지 않으며, 따라서 그들은 우리들보다 훨씬 더 오래 살게 마련이네. 그리고 물보다는 공기가 더 순수하고 공기보다는 에테르가 더 순수한 까닭에, 그들은 시각이나 청각이나 촉각도 우리들의 감각 기관보다 더 온전한 기능을 발휘하고 있을 걸세. 뿐만 아니라 그곳에는 실제로 신들이 사는 신전神殿과 성소聖所가 있어, 그곳 사람들은 신들의 음성을 들을 수 있으며 신들과 사귈 수 있다는 것이네. 그 밖에도 태양을 비롯하여 달이나 별들을 그 본래의 모습대로 바라볼 수 있으며, 또한 이에 따르는 갖가지 행복을 맛볼 수 있다네.

이와 같은 것이 그 땅 전체와 그 주위의 모든 것의 본성이라고 할 걸세. 그런데 그 땅의 표면은 여러 지역으로 나뉘어 있으며, 그 중의 어떤 곳은 우리가 살고 있는 골짜기보다 더욱 깊고 더욱 넓으며, 어떤 곳은 우리의 골짜기보다 더 깊으나 비좁기도 하다네. 그리고 그다지 깊지는 않은 대신 넓은 곳도 있다네. 그런데 그와 같은 골짜기들은 땅 속으로 좁은 구멍이 뚫려 있어서 어떤 곳엔 넓은 통로, 어떤 곳엔 좁은 통로가 열려 있다네. 그 통로는 마치 혼주기混酒器 같아서 물줄기가 들락거릴 뿐 아니라, 지하로 흐르는 여러 강에서 끊임없이 뜨거운 물과 찬 물이 나온다네. 그리고 거대한 불과 불의 강이 있으며 시칠리아에 있는 강물과 그 뒤로 흐르는, 용암熔岩처럼 혹은 좀 묽고 혹은 더욱 짙은 흙탕물의 강물이 있다네. 그리고 흙탕물이 흐르고 있는 주변은, 이미 이런 것들로 가득차 있다네. 이와 같은 흐름은 마치 땅 속이 동요하는 것처럼 상하로 움직이고 있다네. 그 동요는 다음과 같은 원인에서 비롯되는 걸세.

즉 그 땅의 모든 공동空洞 가운데 가장 커다란 공동, 그것이 바로 그 땅을 마주 꿰뚫고 있다네. 그것은 호메로스가,

멀리, 저 멀리에

가장 깊은 구덩이가 누웠도다.

라고 노래한 것으로서, 그가 다른 작품에서 그리고 다른 여러 시인들이 타르타로스(그리스의 종교 신화에 나오는, 땅 밑에 있다는 암흑계暗黑界. 신을 배반한 대죄인이 떨어져 유폐幽閉된다고 함)라고 이름붙인 것이라네. 이 굴 속으로 모든 강물이 흘러 들어가고 또 흘러나오는 까닭은, 강물이 각각 그 근원을 갖고 있지 않기 때문이며, 그 물들이 머물러 있을 곳이 없기 때문이네. 그 물들은 위아래로 출렁거리고, 그 주위에 있는 바람과 공기는 그 물이 드나들 때마다 무서운 폭음을 일으킨다네. 그리하여 물이 땅 위의 비교적 낮은 부분으로 흘러 들어가게 되면 그 지역의 골짜기를 넘치게 하고, 또다시 타르타로스로 들어가 땅을 뚫고 여러 곳으로 흘러 들어가서 거기에 바다며 호수며 샘을 만드는 것이라네. 거기서 다시 그 흐름은 땅 속으로 스며들어, 그 중의 어떤 줄기는 광대한 지역이나 비좁고 나직한 지역을 돌아 다시 타르타로스로 스며드는 것이라네.

　그런데 어떤 것들은 스스로 그 위치보다 훨씬 더 밑에서 땅 위로 솟아오르고, 어떤 것은 조금 아래서 흘러 들어 간다네.

어쨌든 그것들은 모두 솟아 나온 위치보다 다소 낮은 위치에서 타르타로스로 흘러 들어가게 마련이라네. 그런데 스며들어 갈 곳과 상반되는 곳에서 솟아오르는 것이 있는가 하면 같은 곳에서 솟아오르는 것도 있으며, 마치 뱀이 칭칭 감돗 땅을 한 바퀴 돌아서 다시 낮은 곳으로 흘러가는 것도 있다네. 그렇지만 어느 쪽으로 흐르는 강이든 한복판까지는 흘러 내려갈 수 있지만, 그 이상은 흘러 내려갈 수 없다네. 왜냐하면 거기서부터는 오르막길이기 때문이지.

그리고 이것 외에도 수없이 많은 강이 있지만, 특히 큰 강이 넷 있다네. 그 중에서 가장 먼 곳까지 뻗친 것이 오케아노스(그리스 신화의 수신水神. 세계를 둘러싼 광대한 흐름. 또는 바다를 신격화한 것임)라는 강일세. 이 강은 땅을 빙빙 돌면서 흐르고 있네. 이것과 반대 방향으로 흐르는 강은 아케론(그리스 신화에 나오는 저승의 강으로, 이승과 저승의 경계에서 이승과 저승을 연락하는 역할을 담당함)으로, 여러 사막 지대를 거쳐서 땅 밑으로 흐르다가 아케루시아스 호湖로 흘러들고 있다네. 수많은 사람들의 영혼이 죽은 후에 이 호수로 가게 마련인데, 이곳에서 각 영혼들은—어떤 것은 오랫동안, 어떤 것은 잠시 동안—자기에게 주어진 시간을 보내고 나서 다시 이 세상에 짐승으로 태어난다네.

세번째 강은 이 두 강의 중간 지점에서 솟아올라 그 분출구噴出口 주변에서 불길이 맹렬하게 타오르는 광막한 지역으로 흘러 들어가, 우리의 바다(지중해)보다도 더 큰 진흙탕의 호수를 이룬다네. 여기서 탁류濁流가 다시 땅 주변으로 흘러나와 여러 곳을 지나서, 드디어 아케루시아스 호변湖邊에 다다르게 된다네. 그렇지만 이 호수의 물과 섞이지 않고 땅 속을 여러 차례 돌다가 타르타로스의 가장 낮은 곳으로 들어간다네. 이것이 바로 피리플레게톤(불붙는 강)이라는 강으로서, 그 강은 용암을 분출시켜 땅 위에 화산을 만든다네.

이 강에 맞서서 네 번째 강이 흐르고 있는데, 사람들의 이야기처럼 온통 검푸른 빛깔을 띠고 있는 무섭고 황막荒漠한 지역으로 흐르고 있다네. 그 강의 이름은 스티기오스(그리스 신화에서 저승에 에워싸고 흐르는 강의 하나)로, 이 강이 스틱스 호로 흘러든다네. 이 흐름은 호수로 들어가면서부터 무서운 힘을 얻어, 땅 속으로 뚫고 들어가서 피리플레게톤의 맞은편에 나타나 아케루시아스 호에 이르게 되네. 이 강물도 다른 강물과는 섞이지 않으며 땅 위를 빙 돌아 흐르다가 피리플레게톤의 맞은편에서 타르타로스로 흘러드네. 많은 시인들은 이 강을 가리켜 코키토스(탄식의 강)라고 부른다네.

　이것들이 저 세상의 모습이라네. 그리고 죽은 사람이 각각 다이몬에 이끌려 그곳에 다다르면, 먼저 경건하게 살아 온 사람과 그렇지 않은 사람으로 분류된다네. 그리하여 그 중간쯤의 생활을 한 사람들은 아케론 강으로 옮겨 가 준비된 배를 타고 그 호수에 이르게 된다네. 그곳에 머무르면서 각각 자신들의 악행에서 순화되고, 또한 남에게 행한 죄악의 책벌을 받아 속죄를 하고 나면, 선행을 한 것에 대한 합당한 보상을 받게 된다네.

　그런데 지은 죄가 너무 커서 도무지 속죄받을 수 없는 사람들, 즉 번번이 성소聖所에 들어가서 거룩한 물건을 훔쳐낸 자들이나 포악무도한 살인죄를 지은 자들, 또는 이와 비슷한 죄를 저지른 자들은 마땅히 타르타로스 속에 던져져서 다시는 솟아나올 수 없게 된다네. 그렇지만 그 범한 죄는 클지라도 다시 고칠 수 있는 가능성이 있는 자들은, 예컨대 순간적인 분노로 말미암아 부모에게 폭행을 가하고 그후 참회로써 여생을 보낸 자들이나, 또는 이와 비슷한 살인을 한 자들은 타르타로스에 던져지기는 하지만, 그곳에서 일 년 동안만 고통을 당하면 큰 물결이 밀려와서 그들을 밖으로 밀어내 준다네.

살인을 한 사람들은 코키토스로, 부모를 살해한 자들은 피리 플레게톤으로 밀어낸다네. 그리하여 그 강물이 아케루시아스 호숫가로 밀려가게 되면, 거기서 그들은 그들이 죽였거나 악행을 가한 사람들의 이름을 소리높여 부르면서, 자기를 가엾이 여기고 호의를 베풀어 그 호수로 들어가게 해달라고 간청하는 것이라네. 그들은 애원이 허용되면 그곳에서 벗어나 괴로움에서 헤어날 수도 있으며, 그렇지 못할 경우에는 다시 타르타로스로 끌려 들어가 거기서 다시 물결을 따라 떠내려가게 된다네. 그리하여 그들에게 피해를 입은 사람들이 호의를 베풀 때까지 그와 같은 운명 속에서 허덕여야 한다네. 왜냐하면 이것은 그들의 재판관이 그들에게 내린 판결이기 때문이라네. 그렇지만 특별히 경건한 생활을 한 사람들은, 감옥과 같은 이 세상의 여러 지역에서 놓여나 자유로운 몸이 되어 저 위 깨끗한 곳으로 올라가 살게 된다네. 이러한 사람들 중에서 특히 철학으로 자기 자신을 순화純化시킨 사람들은 미래를 전혀 육체 없이 살게 될 것이며, 다른 사람들의 거처보다 훨씬 좋은 곳에 이르게 된다네. 이것이 어떤 곳이라는 것을 설명하기란 쉬운 일이 아니며, 지금은 설명할 만한 시간도 별로 없네.

그러나 위와 같은 여러 이유로 해서, 심미아스, 우리는 이 세상에서 덕과 지혜를 얻기 위하여 최대의 노력을 기울여야 할 걸세. 저 세상은 실로 아름답고 희망에 부풀어 있다네. 이성이 있는 사람이면, 내 이야기가 모두 사실이라고 주장하지는 않을 걸세. 그러나 영혼이 불사한다는 것만은 분명히 밝혀졌으므로, 우리들의 영혼이 겪어야 할 것과 가 있을 곳도 대체로 내가 말한 것과 비슷하리라는 것을 믿어 주기 바라네. 이렇게 믿는다는 것은 일종의 모험처럼 생각되겠지만, 그 모험이야말로 다시 없이 아름다운 것이라네. 그러므로 이와 같은 모험을 하는 사람이라면, 앞에서 말한 것처럼 스스로를 달래야 할 줄 아네. 이 때문에 나는 긴 이야기를 한 걸세. 그러니 육체의 쾌락과 장식물이란 아무 쓸모도 없는 것일 뿐 아니라 백해무익百害無益하다는 것을 깨닫고, 그와 같은 생각을 물리치고 오직 배움에 열중해 온 사람들은 영혼에 대한 확신을 얻을 수 있어 기쁨을 감출 수 없을 걸세. 그는 자기의 영혼을 쓸모 없는 것으로 장식하지 않고 오직 영혼 자체를 위한 장식물, 즉 절제와 정의와 용기와 자유와 진리로써 장식하네. 그는 운명이 부르는 대로 떠나갈 마음의 준비를 갖추고 있을 걸세.

오, 심미아스와 케베스, 그 누구나 언젠가는 이 세상을 하직하게 되는 게 아니겠나? 나는—어느 비극 작가가 말한 것처럼—지금 나를 부르는 운명의 소리를 듣고 있다네. 곧 독약을 마셔야 하므로 목욕을 해야겠네. 그래야만 여인들이 내 시체를 씻는 괴로움을 덜게 될 게 아닌가."

그분이 이 말을 마치자 크리톤이 입을 열었습니다.

"소크라테스, 이 사람들과 나에게 아이들이나 그 밖의 일에 관하여 당부할 말은 없는가? 자네의 일이라면 서슴지 않고 나서겠네."

"오, 크리톤, 별로 당부할 것도 없네. 단지 내가 언제나 자네들에게 말한 것처럼 자네들은 자기 자신을 돌보게. 그렇게 하면 다른 당부는 하지 않더라도 나나 우리 집 식구들에게나 또는 자네들 자신에게 봉사하는 것이 될 걸세. 그렇지만 자네들이 자기 자신에 관해 생각지 않고 지금 말한 나의 권고를 따르지 않는다면, 현재 아무리 많은 약속을 하고 그것을 지키겠다고 언약을 하더라도 아무 쓸모가 없을 걸세."

"우리는 진심으로 자네의 말을 따르려네. 그런데 자네를 어떻게 장사지내면 좋겠는가?"

"만일 자네들이 나를 붙잡고 있어서 내가 달아날 수 없을 경우엔, 자네들 마음대로 하게그려."

그분은 우리를 돌아다보고 조용히 웃으시며 이렇게 말을 이었습니다.

"지금까지 논의를 계속해 왔음에도 나 소크라테스의 신념을 크리톤에게 심어 주지 못하였네. 이제 곧 보게 될 시체가 곧 나 소크라테스라고 생각하고, 어떻게 묻어 주기를 원하는가 내게 묻고 있으니 말일세. 독약을 마시고 나면 나는 이미 자네들 곁에 있지 않고, 축복받은 사람으로서 복된 곳으로 가서 기쁨에 참여하리라는 것을 그처럼 말해 왔건만, 크리톤은 그것이 단지 나 자신과 자네들을 위로하기 위한 쓸모없는 말인 줄 알고 있으니 말이네. 그러므로 크리톤이 나를 위해 재판관들에게 보증을 서 주었지만, 이번에는 자네들이 나를 위해 그에게 보증인이 되어 주기 바라네.

그렇지만 이번의 보증은 지난번 것과는 전혀 상반되는 것일세. 지난번에는 내가 머물러 있겠다는 데 대한 보증이었지만, 이번에는 내가 머물러 있지 않고 깨끗이 떠나겠다는 데 대한 증인이 되어 주어야 하네. 그렇게 되면 크리톤은 내가 죽는 것을 보아도 덜 괴로워할 것이 아닌가. 그리하여 내 육신이 소각燒却되거나 파묻히려는 것을 보아도 슬퍼하지 않을 걸세.

　나는 내가 죽었다고 해서 그가 슬퍼하는 것을 원치 않으며, 매장할 때에도 소크라테스가 어디에 누웠으며 어디로 운반되고 어디에 묻혔다는 말을 하는 것도 원치 않네. 옳지 못한 말을 하는 것은 그 자신에게도 좋지 않을 뿐더러, 나아가 영혼에까지 해를 끼치는 것이라네. 그러니 크리톤, 자네는 명심하여 오직 내 육체만을 파묻는 것이라고 말하게. 그리고 다음에는 어떻게 묻든지 자네들 마음대로 하게나."

　이 말을 마치고 그분은 목욕을 하기 위해 다른 방으로 들어갔습니다. 크리톤이 그의 뒤를 따르면서 우리에게 그 자리에 남아 기다리라고 말하였습니다. 우리는 지금까지의 이야기에 대하여 논의하고, 이 사건에 대하여도 서로 이야기를 주고받았습니다. 마치 아버지를 잃은 고아처럼 나머지 생애를 보내야 함을 우리는 뼈저리게 느꼈습니다. 그가 목욕을 마쳤을 때 그의 자녀들이 들어왔습니다. 그에겐 어린 아들이 둘, 성장한 아들이 하나 있었습니다. 그리고 친척 되는 부인들도 와 있었습니다. 소크라테스는 크리톤이 있는 곳에서 아이들에게 몇 마디 당부를 하고는 그들을 돌려보냈습니다. 그리고 다시 우리 곁으로 다가왔습니다. 목욕을 하는 데 많은 시간이 걸렸으므로, 어느덧 해가 질 무렵이 되었습니다. 목욕을 마치고 나서 우리와 함께 앉아 있었지만, 그분은 별로 많은 말을 하지 않았습니다.

잠시 후 11인의 집행위원들의 하수인下手人이 들어와서 그분의 곁에 서서 말하였습니다.

"오, 소크라테스, 선생님에 대하여 저는 염려할 필요 없다고 생각합니다. 제가 집행위원들의 명령에 따라 독약을 마시도록 권할 때면, 다른 사람들은 저에게 욕설을 퍼붓고 저주를 하여 저는 그들에게 화를 내었습니다만, 선생님에 대해서는 조금도 노여운 생각이 들지 않습니다. 선생님은 지금까지 이곳에 들어온 사람들 중에서 가장 너그럽고 가장 점잖고 가장 훌륭한 분으로 여겨집니다. 선생님께서는 저를 노엽게 생각지 않으실 줄 압니다. 이 책임이 누구에게 있는가는 이미 잘 아실 터이므로, 제가 어떤 심부름을 왔는지 선생님께서도 아실 것입니다. 그러면 운명의 짐을 지시고 편안히 가십시오."

이처럼 말하면서 그는 눈물을 흘리고 발걸음을 돌렸습니다.

"그럼 잘 있게. 나도 잘 가겠네."

소크라테스는 그를 향해 이렇게 말씀하시고, 이어 우리에게 말씀하셨습니다.

"매우 좋은 사람이야. 그는 늘 나에게 와서 함께 이야기를 나누었네. 그는 언제나 친절하였네. 지금도 나를 위해 진심으로 눈물을 흘렸네. 그러니 크리톤, 그의 말을 들어야 하지 않겠나? 약을 갈아 놓았다면 이리 가져오게. 그리고 아직 갈지 않았다면 어서 갈도록 하게."

크리톤이 말하였습니다.

"그렇지만 소크라테스, 해는 아직 산 위에서 빛나고 있네. 다른 사람들은 약을 마시라는 통고를 받고도 오랫동안 사랑하는 사람들과 함께 있기 위해 느지막하게 마시지 않나. 서두를 필요가 무엇인가, 아직 시간이 남았는데……."

소크라테스가 말씀하셨습니다.

"오, 크리톤, 다른 사람들이 자네의 말대로 그렇게 하는 것은 당연한 것이네. 그들은 그렇게 하는 것이 유리하다고 생각하니까. 그렇지만 나는 그렇게 하지 않는 것이 오히려 당연한 걸세. 나는 독약을 늦게 마신다고 해서 어떤 이득이 있다고는 생각지 않을 뿐더러, 이미 죽은 목숨을 조금 더 연장하려고 거기에 달라붙는다는 것은 내가 생각하기에도 쑥스럽게만 여겨지네. 그러니 내 말대로 해주게."

크리톤은 곁에 있던 사환에게 눈짓을 하였습니다. 사환은

밖으로 나간 지 한참 후에 독약을 주는 사나이와 함께 들어왔습니다. 그 사나이는 갈아 놓은 독약을 들고 있었습니다. 소크라테스는 그 사나이에게 말하였습니다.

"당신은 이런 일에 이력이 났을 테니 어떻게 하는 것이 좋은지 가르쳐 주시오."

그 사나이가 대답하였습니다.

"마시고 나서 다리가 무거워질 때까지 걸어다니시면 됩니다. 그리하여 다리가 무거워지시거든 누우십시오. 그러면 약기운이 돌게 됩니다."

그러고 나서 그는 잔을 소크라테스에게 내밀었습니다. 오, 에케크라테스, 소크라테스는 그야말로 태연자약하게 조금도 떨지 않고 안색도 변하지 않은 채, 여느 때와 조금도 다름없이 그 사나이를 물끄러미 바라보며 잔을 들고 이렇게 말씀하셨습니다.

"신에게 드리는 뜻에서 한 방울 떨어뜨려도 괜찮을까? 그러면 안 되나?"

그러자 그 사나이가 대답하였습니다.

"아, 소크라테스, 여기서는 마실 분량밖에 갈지 않습니다."

"알았네. 그렇지만 저 세상으로 가는 여로의 행운을 빌 수야 있지 않겠나? 나는 기도를 드리려네. 아마도 그대로 이루 어질 것일세."

그분은 이렇게 말하면서 잔을 입에 대고 조용히 마셨습니다. 그때까지 슬픔을 억제했던 우리는 그분이 약을 마시고 나자 참을 수 없게 되었습니다. 나는 그만 울음을 터뜨리고 말았습니다. 그리하여 얼굴을 가리고 울고 있었습니다. 이것은 그분을 위해서가 아니고, 그처럼 훌륭한 분을 잃게 된 나 자신의 불행을 가슴 아파했기 때문입니다. 크리톤은 울음을 참지 못해 나보다 먼저 밖으로 나갔습니다. 벌써부터 울고 있었던 아폴로도로스가 점점 큰 소리로 흐느껴 울었기 때문에 우리들 모두의 가슴은 메어지는 듯하였습니다. 오직 소크라테스만이 혼자 조용히 있었습니다.

이윽고 소크라테스가 말씀하셨습니다.

"대체 무슨 짓들을 하고 있나? 정말 이상한 사람들이군. 내가 여인네들을 돌려보낸 것은 이런 꼴을 보기 싫어서였네. 사람은 마땅히 조용히 죽어야 하는 줄 알고 있네. 그러므로 조용하고 침착하게 행동하게."

우리는 이 말을 듣고 부끄러운 생각이 들어 눈물을 삼켰습니다. 소크라테스는 이리저리 거닐다가 한참 후에 다리가 무겹다고 하면서 반듯이 누웠습니다. 그분에게 약을 내민 사람이 그렇게 일렀던 것입니다. 소크라테스가 자리에 눕자 사나이는 종종 소크라테스의 손과 발을 살펴보았습니다. 그리고 한참 후에 발을 꾹 누르면서 감각이 있느냐고 묻는 것이었습니다. 소크라테스가 감각이 없다고 대답하자, 다리를 눌러 보면서 우리에게 몸이 식어 가고 굳어진다고 하였습니다. 그러고 나서 다시 말하였습니다.

"독이 심장에까지 퍼지면 마지막이 됩니다."

하반신이 거의 다 식었을 때에 그는 얼굴을 가렸던 것을 제치고 이렇게 말씀하셨습니다. 이것이 그분의 마지막 말씀이었습니다.

"오, 크리톤, 아스클레피오스에게 내가 닭 한 마리를 빚졌네(아스클레피오스는 의술의 신. 병이 나으면 감사하는 뜻에서 이 신에게 닭을 바치는 습관이 있었음. 죽음으로 모든 병이 나았다는 뜻에서 한 말임). 기억해 두었다가 갚아 주게."

"그렇게 하겠네. 그 밖의 할 말은 없는가?"

크리톤의 이 물음에는 아무 대답도 없고 잠시 후 몸이 약간 움직였습니다. 그러자 그 사나이가 소크라테스의 얼굴을 가렸던 천을 벗겼습니다. 그의 눈동자는 이미 빛을 잃고 고정되어 있었습니다. 이것을 보고 크리톤이 그의 눈을 감겨 주었습니다.

　오, 에케크라테스, 그것이 우리의 벗 소크라테스의 최후였습니다. 그는 진정, 우리 시대에 우리가 만났던 사람들 중 가장 용감하고 가장 지혜로우며, 가장 고결한 사람이었다고 말하지 않을 수 없을 것입니다. ✎

◎ **옮긴이 최 현**

시인, 번역문학가. 고려대학교 철학과 졸업.

저서 : 〈문〉, 〈현대시 10강〉, 〈한국현대시 해부〉 등이 있으며,

역서 : 〈쇼펜하우어 인생론〉, 〈마하트마 간디〉, 〈팡세〉, 〈빙점〉,
     〈명상록〉, 〈소크라테스의 변명(외)〉, 〈향연·뤼시스〉,
     〈파이돈〉, 〈프로타고라스〉 등이 있다.

파이돈

발행일 초판 1쇄 발행 | 1987년 11월 20일
        2판 1쇄 발행 | 1999년 3월 15일
        2판 4쇄 발행 | 2006년 1월 15일
        3판 1쇄 발행 | 2009년 2월 25일
        3판 6쇄 발행 | 2014년 10월 1일

지은이 | 플 라 톤   **옮긴이** | 최 현
펴낸이 | 윤 형 두   **펴낸곳** | 종합출판 범우(주)
교 정 | 김영석 · 이정규   **디자인** | 김지선
등록번호 | 제406-2004-000012호 (2004년 1월 6일)
        (413-756) 경기도 파주시 광인사길 9-13 (문발동 525-2)
대표전화 | 031-955-6900   **팩 스** | 031-955-6905
홈페이지 | www.bumwoosa.co.kr   **이메일** | bumwoosa@chol.com

ISBN 978-89-91167-44-5 03160

온고지신(溫故知新)으로 21세기를!

현대사회를 보다 새로운 시각으로 종합진단하여
그 처방을 제시해주는

범우사상신서

1 자유에서의 도피 E. 프롬/이상두	32 방관자의 시대 P. 드러커/이상두·최혁순
2 젊은이여 오늘을 이야기하자 렉스프레스誌/방곤·최혁순	33 건전한 사회 E. 프롬/김병익
3 소유냐 존재냐 E. 프롬/최혁순	34 미래의 충격 A. 토플러/장을병
4 불확실성의 시대 J. 갈브레이드/박현채·전철환	35 작은 것이 아름답다 E. 슈마허/김진욱
5 마르쿠제의 행복론 L. 마르쿠제/황문수	36 관심의 불꽃 J. 크리슈나무르티/강옥구
6 너희도 神처럼 되리라 E. 프롬/최혁순	37 종교는 필요한가 B. 러셀/이재황
7 의혹과 행동 E. 프롬/최혁순	38 불복종에 관하여 E. 프롬/문국주
8 토인비와의 대화 A. 토인비/최혁순	39 인물로 본 한국민족주의 장을병
9 역사란 무엇인가 E. 카/김승일	40 수탈된 대지 E. 갈레아노/박광순
10 시지프의 신화 A. 카뮈/이정림	41 대장정—작은 거인 등소평 H. 솔즈베리/정성호
11 프로이트 심리학 입문 C.S. 홀/안귀여루	42 초월의 길 완성의 길 마하리시/이병기
12 근대국가에 있어서의 자유 H. 라스키/이상두	43 정신분석학 입문 S. 프로이트/서석연
13 비극론·인간론(外) K. 야스퍼스/황문수	44 철학적 인간 종교적 인간 황필호
14 엔트로피 J. 리프킨/최현	45 권리를 위한 투쟁(外) R. 예링/심윤종·이주향
15 러셀의 철학노트 B. 페인버그·카스릴스(편)/최혁순	46 창조와 용기 R. 메이/안병무
16 나는 믿는다 B. 러셀(外)/최혁순·박상규	47-1 꿈의 해석 ④ S. 프로이트/서석연
17 자유민주주의에 희망은 있는가 C. 맥퍼슨/이상두	47-2 꿈의 해석 ⑧ S. 프로이트/서석연
18 지식인의 양심 A. 토인비(外)/임헌영	48 제3의 물결 A. 토플러/김진욱
19 아웃사이더 C. 윌슨/이성규	49 역사의 연구 ① D. 서머벨 엮음/박광순
20 미학과 문화 H. 마르쿠제/최현·이근영	50 역사의 연구 ② D. 서머벨 엮음/박광순
21 한일합병사 야마베 겐타로/안병무	51 건건록 무쓰 무네미쓰/김승일
22 이데올로기의 종언 D. 벨/이상두	52 가난이야기 가와카미 하지메/서석연
23 자기로부터의 혁명 ① J. 크리슈나무르티/권동수	53 새로운 세계사 마르크 페로/박광순
24 자기로부터의 혁명 ② J. 크리슈나무르티/권동수	54 근대 한국과 일본 나카스카 아키라/김승일
25 자기로부터의 혁명 ③ J. 크리슈나무르티/권동수	55 일본 자본주의의 정신 야마모토 시치헤이/김승일·이근원
26 잠에서 깨어나라 B. 라즈니시/길연	56 정신분석과 듣기 예술 E. 프롬/호연심리센터
27 역사학 입문 H. 베른하임/박광순	57 문학과 상상력 콜린 윌슨/이경식
28 법화경 이야기 박혜경	58 에르푸르트 강령 칼 카우츠키/서석연
29 융 심리학 입문 C.S. 홀(外)/최현	59 윤리와 유물사관 칼 카우츠키/서석연
30 우연과 필연 J. 모노/김진욱	
31 역사의 교훈 W. 듀란트/천희상	▶ 계속 펴냅니다

 범우사 경기도 파주시 교하읍 문발리 525-2 출판문화정보산업단지 전화) 031-955-6900~4
http://www.bumwoosa.co.kr (이메일) bumwoosa@chol.com

범우고전선

시대를 초월해 인간성 구현의 모범으로 삼을 만한 책을 엄선

범우사 경기도 파주시 교하읍 문발리 525-2 출판문화정보산업단지 전화 031-955-6900~4
http://www.bumwoosa.co.kr 이메일 : bumwoosa@chol.com

미국 수능시험주관 대학위원회 추천도서!

위한 책 최다 선정(31종) 1위!

세계문학

156권
▶계속 출간

▶크라운변형판
▶각권 7,000원~15,000원
▶전국 서점에서 낱권으로 판매합니다

★ 서울대 권장도서
● 연고대 권장도서
◆ 미국대학위원회 추천도서